FOR2

FOR pleasure　FOR life

現代佛法十人——四

洪啟嵩
黃啟霖　主編

虛雲

禪宗的傳燈者

目錄

講演

文彙

書信

序跋

詩偈

出版者序——一個讀者的觀點

郝明義

一

今天在臺灣，佛教是很普及的信仰。無論顯密，各門宗派，都有信眾扶持；四大山門固然如此，其他亦然。並且，即使不是佛教徒，許多人也都願意在日常生活裡親近佛法、佛經，譬如手抄《心經》。

上個世紀末，兩岸開始來往，許多對岸來訪者讚嘆中華文化的傳承在臺灣，其中也包括了佛教文化。所以，我們很容易以為從兩千五百年前釋迦牟尼說法，到一千四百年前達摩東來，再到一九四九年之後佛教在臺灣如此興盛，是一條自然的傳承之路。

事實則不然。

佛教在中國，到唐朝發展到高峰，有多種原因。一來是當政者的支持，二來有雄厚的國力，三來有出類拔萃的修行者。三者聚合，氣象萬千。

但，佛教也在唐朝經歷了滅佛的大落。其後歷代，再難有唐朝的因緣際會，也就逐漸只知固守傳統，難有可比擬的開放與創新精神進入清朝，佛教的萎靡與俗化，日漸嚴重；到了太平天國席捲半壁江山，對佛教造成進一步嚴重破壞。所以，到了清末民初之際，佛教在翻天覆地的中國已經只能在世俗化中苟延殘喘，甚至頹廢。

民初的武俠小說，寫到廟庵、僧尼，常出現一些藏污納垢的場面，可以讓人有所體會。五四運動前後，隨著全盤西化的呼聲高漲，佛教更淪為時代應該淘汰的腐朽象徵；寺產也成為各方或是覬覦侵奪、或是倡議充公興學的對象。在大時代的海嘯中，佛教幾近沒頂。

但也就在那風暴中，有些光影出現。開始的時候，光影是丁點的，微弱的，分散的。逐漸，光亮起來。

於是我們看到一些人物登場。

他們各有人生路途上的局限和困頓，但卻以不止歇的修行，一步步清澈自己對佛法的體認。

有人家世良好，大可走上官宦之途，卻淡泊名利，刻經講經，點燃照亮佛法的火種。

有人看盡繁華紅塵，走上自律苦行之路，成為他人仰之彌高的人格典範。

有人歷經窮困和親人死別的痛苦，在悲憤中註釋佛經，淬鍊出一家之言。

有人學歷僅至小學三年級，卻能成為「當代玄奘」。

有人穩固佛法的傳統和價值。

有人努力在現代語境和情境中詮釋修持佛法的意義和方法。
他們成長的背景不一，年齡有別，途徑有異，但他們燃燒推廣佛法的熱情如一。
在漆黑如墨的黑暗中，他們更新了過去數百年佛法一路萎靡不振的軌跡。
在狂風暴雨中，他們發出了震動大地的獅子吼。
是他們播下了種子，使佛法在接下來的戰亂年代得以繼續一路延伸支脈——直到一九四九年後來臺灣，也向亞洲以及世界開花散葉。
他們是現代佛法十人。

二

我是在一九八九年第一次看到有關這十個人的一套書。
當時，我剛接觸佛法，十個名字裡，只認識「弘一」和「虛雲」。其餘的楊仁山、太虛、歐陽竟無、印光、圓瑛、呂澂、法尊、慈航，都很陌生。
在那個對佛法的認識十分懵懂的階段，我打算先從認識的兩位開始，逐年讀一本書，認識這些人。
但時間過去了三十年，直到二〇一九年，我都只讀到第三本，認識到第三個人「太虛」而已。一方面是懶惰，總有藉口不讀；另一方面，也是因為光前三本書已經讓我覺得受用不盡。

開始的時候，我讀弘一大師和虛雲大師的書比較多。

讀弘一大師，是因為多少知道他的生平，因此對照著他紅塵繁華的前半生，讀他後半生清明如水的修行心得，當真是可以體會何謂雋永。經常一、兩句話，就能銘記在心。

讀虛雲大師，主要收穫在他的禪七開示。那真是深刻的武林祕笈，能把說起來很簡單、做起來很奧祕的心法講得那麼透徹，就算只能在門外徘徊，都覺得受益匪淺。

虛雲大師一生波瀾起伏，尤其文革時歷經紅衛兵的折磨，還能以一百二十歲圓寂，實在是傳奇。

而對第三位太虛大師，我的認識就沒那麼多。

儘管讀他的書，多年來卻一直只停留在書裡一小篇文章上。那篇文章叫〈佛陀學綱〉，是他在民國十七年一場演講內容所整理出來的，全部也不過十九頁，只占全書很小的比例。但這一小篇文章，多年來我反覆閱讀，總會得到新的提醒和啟示，又總會有新的疑問與要探究之處。

〈佛陀學綱〉，從文章標題就知道，作者要談的是每一個人如何通過學習而覺悟，向佛陀看齊的綱領。

人人皆有佛性，也就是人人皆可通過學習而讓自己的生命層次向佛陀看齊。但是太多人只想膜拜自己的上師，卻完全不敢想像自己也可能開發出有如佛陀的覺性。太虛大師講〈佛陀學綱〉，正是要提醒我們學佛的唯一目的，也解釋他所看到的途徑。

當然，多少世代的高僧大德都在做同樣的事情、多少經典在指引的都是同樣的事情，但是大約一百年前太虛大師講〈佛陀學綱〉，有格外特別之處。

《二〇〇一太空漫遊》（*2001: A Space Odyssey*）作者亞瑟·克拉克（Arthur C. Clark）說過：科幻小說的時空背景不能寫得太近，以免很快過時；但也不能太遠，以免無感。我覺得討論學佛的文章也有類似的課題：不能太通俗，以免只是對善男信女的心理勵志、道德勸化；也不能太高深，以免令人望之卻步。

〈佛陀學綱〉無論談的內容還是用的文字、抑或是概念或方法，都正好不近不遠。

我很滿足，也很忙碌，所以就停留在第三本書的這一篇文章上，一直沒有再看書裡的其他部分，當然也就更沒有動機想要再看其餘的書。

直到二〇二〇年秋天。

三

COVID-19 疫情橫掃全球，改變了每一個人的生活。

無常，成了新的常態。

社會上各個領域都在面對工作方式、生活方式的顛覆；過去穩定可靠的資源、經驗、能力，成為泡影。

我們置身一個黑暗又混亂的時代。

我相信，當外界的一切都不足恃，甚至成為干擾來源的時候，每個人都需要喚醒自己內在的覺性。

而說到覺性，當然也莫過於佛法說明的透徹。

因此我重讀〈佛陀學綱〉。也因為疫情的影響，包括差旅減免而多出時間，這麼多年來，我第一次把太虛大師那本書的其他部分也讀了。

很震撼。

震撼於太虛在書裡其他文章敘述他個人修行之路的關鍵突破時刻、他對推廣佛法種種視野與擘畫的光芒，也震撼於我自己怎麼枉守著如此寶藏三十年卻目光如豆。

我也想到：連第三本書都如此了，那其他的七本書呢？我早該認識的其他七個人呢？同樣是克拉克在他那本小說裡說的一句話：「他們身處豐饒之中，卻逐漸飢餓至死，」說的真是我。

接下來的時間，我一方面急著狼吞虎嚥這套書，一方面也決定趕快和原編者討論，看如何把這套早已絕版的書重新出版。

四

《現代佛法十人》是洪啟嵩和黃啟霖兩位編者在一九八七年出版的書，原始書名是「當代中國佛教大師文集」。

去年讀這個系列，瀏覽十個人的身影，他們雖然都是對佛法有堅定不移的信念，但因為各自成長背景不同、行動的途徑也不同，著真在大時代裡形成了雄偉的交響樂，也各自展現了不同的力量。

楊仁山，出身於官宦世家，科舉功名就在手邊的人，卻因為偶遇一部《大乘起信論》走上終身護持、推廣佛法的路。他沒有出家，卻以自己的人脈和資源，在國內融會譚嗣同、章太炎等一時之選的學者參與佛法討論；在國際進行佛經的交換出版，以及佛教文化的國際交流。

他的「祇洹精舍」雖然只辦了短短兩年時間，就學的人數也只有僧俗十來人而已，但其中太虛和歐陽竟無兩位，分別為清末民初的出家學僧和在家佛教學者打開了新路，對接下來佛教的發展有決定性的影響。

在最深的黑暗中，最小的光亮最燦爛。楊仁山讓我見識到什麼是星星之火的力量。

太虛大師，小楊仁山大約五十歲。

他的家庭背景和成長之路，和楊仁山完全不同。自幼父親去世，母親改嫁，和外祖母一起生活長大，後來去百貨行當學徒。

太虛在十六歲出家。但出家的源起，並不是因為對佛法的渴望，而是因為當學徒的時候看了許多章回小說，仙佛不分，想要求神通。

幸好出家後得有親近善知識的機緣，走上真正佛法修行之路，終於在有一天閱讀《大般若經》的過程中，大徹大悟。

而太虛難得的是，有了這樣的開悟，他本可以從此走上「超俗入真」之路，但他卻反向而行，「迴真向俗」，要以佛學救世，並且實踐他「中國佛教亦須經過革命」的宏願。

他接續楊仁山辦祇洹精舍的風氣，持續佛學研究；創辦武昌佛學院，帶動佛教舉辦僧學的風氣；創立「世界佛教聯合會」，首開佛僧去歐美弘法的紀錄。

太虛有許多弟子，法尊、慈航都是。印順法師也是。

太虛大師讓我看到：一個已經度過生死之河的人，重新回到水裡，力挽狂瀾的力量。

歐陽竟無，比太虛大師略為年長，大十八歲。

他也是幼年喪父，家境清寒。但他幸運的是有一位叔父引領他求學，博覽經史子集，旁及天文數學。

清廷甲午戰敗後，歐陽竟無在朋友的引介下，研讀《大乘起信論》、《楞嚴經》，步入佛學，從此決心以佛法來救治社會。

他一生孤苦，接連遭逢母、姊、子、女等親人死別之痛，因而自述「悲而後有學，憤而後有學，無可奈何而後有學，救亡圖存而後有學」。

歐陽竟無因為在祇洹精舍就學過，楊仁山去世時，把金陵刻經處的編校工作咐囑於他。後來國民革命軍攻南京，歐陽竟無在危城中艱苦守護經坊四十天，使經版一無損失。

歐陽竟無不只奔走各方募資刻印經書，也在蔡元培、梁啟超、章太炎等人協助下成立支那內學院，與太虛大師所辦的武昌佛學院齊名，對近代中國佛教有著重大的影響。

歐陽竟無最讓我嚮往的，是梁啟超聽他講唯識學的評語：「聽歐陽竟無講唯識，始知有真佛學。」

後文將提到的呂澂，是歐陽竟無的傳人。

歐陽竟無，讓我看到一個人力撐巨石，卻仍然手不釋卷的豪氣。

虛雲大師的一生都是傳奇。

早年家裡一直阻撓他出家，他逃家兩次，到十九歲終於落髮為僧，進入山裡苦行十四年。接著他遇見善知識，指點他苦行近於外道，這才走上真正依據佛法修行之路。

他參訪各地，不只行遍中國，進入西藏，還翻越喜馬拉雅山，到不丹、印度、斯里蘭卡、緬甸等地。

五十六歲那一年，虛雲要去揚州高旻寺參與打十二個禪七的職事，途中不慎落入長江，差點送命，結果傷後無法擔任職事，只能參加禪七。

但也在這次禪七中，虛雲徹悟，出家三十七年後，終於明心見性。他悟後作偈：「燙著手，打碎杯，家破人亡語難開。春到花香處處秀，山河大地是如來。」從此他的修行又是另一番境界。

太虛著眼推動的是整體僧伽制度的革新，而虛雲則是聚焦在自己親自住持的寺廟進行該有的重建和整頓，掃除當時寺廟迎合世俗的陋習，同時進行傳戒、參禪、講經，以正統佛法來培養弟子。

而虛雲最特別的是：他一人兼了禪宗五門法脈，所以是不折不扣的禪宗大師。

讀虛雲大師談參禪的文字，他簡潔有力的言語躍然紙上，完全可以體會何謂「當頭棒喝」。虛雲大師還有個傳奇，就是他到一百二十歲才圓寂。這還包括他在文革時曾經遭受紅衛兵四次毒打的經過。

虛雲大師展現的是一種在八方風雨中，衣帶不沾漬污的功力。

弘一大師生於一八八〇年。他的生平，大家耳熟能詳。

他前半生的風花雪月，造成他出家後對自己修行的要求也異於一般。他出家之後，「不收徒眾，不作住持，不登高座」，並且總是芒鞋破衲，飲食、起居上也是極其刻苦。中文「嚴以律己」，用在弘一身上是最好的例子。

出家人本來毋須用「風骨」來形容，但是看豐子愷等人和弘一大師的來往，看他孑然獨行的身影，總不能不想到這兩個字。

偏偏這位看來行事最不近人情的弘一大師，我相信應該也是現代佛法十人裡最為人熟知的一位。因為他廣結善緣，為人書寫偈語、對聯。

弘一在出家後，本來準備拋棄一切文藝舊業，但接受了書寫佛語來為求字人種下淨因的建議，重新提筆，也因而有了自己弘法的無上利器。

今天中文世界裡的人，無論是否學佛，總難免接觸、看過弘一大師留下或者與佛法直接相關，或者間接有關的偈語、對聯。

我自己每隔幾年就會看到他寫的一句話要，背誦一陣。像最近，就是他的「一生求佛智，精進無異念」。太虛大師對弘一大師的讚嘆是：「以教印心，以律嚴身，內外清淨，菩提之因。」

弘一大師有律宗第十一代世祖之美譽。

我看他的身影，像是單衣走在冷冽的風雪中，手中卻提了一個始終要給人引路的燈籠。

弘一大師獨來獨往，卻說有一個佩服的人，甚至親自寫信給他，說「願廁弟子之列」。

這人就是**印光大師**。

印光生於一八六一年，早年也有兩次逃家出家的紀錄；但和弘一不同的是，印光有淨土宗第十三代祖師之稱。

和弘一相同的是，印光也不喜攀緣結交，不求名聞利養，始終韜光養晦，並且一生沒為人剃度出家，也沒有名定的弟子傳人。

印光大師相信念佛往生淨土法門，是「一法圓賅萬行，普攝群機」，所以一生專志念佛法門，開示常說的話就是「但將一個死字，貼到額頭上，掛到眉毛上」。

但這麼一個但求與世遠離，把修行純粹到極點的人，卻並不是與世隔絕。

一九二三年，江蘇省提出要以寺廟興學的政策，當時六十多歲的印光大師就為了保教護寺，不遺餘力地奔走呼籲，扭轉危機。

並且，他一生省吃儉用，信眾給他的奉養，全都用來賑濟飢民，或印製佛書流通。

印光大師八十歲圓寂之時，實證「念佛見佛，決定生西」。

印光大師顯示的是精誠所至，開山鑿石的力量。

圓瑛大師生於一八七八年，略長於太虛。

圓瑛和太虛曾經惺惺相惜，義結金蘭。兩人雖然都有志於對當時的佛教進行改革，可後來步伐不同。太虛主張銳進改革，而圓瑛則主張緩和革新。

不過這絕不是說圓瑛的行動比較少。

民國建立後，兩次所謂「廟產興學」的風波，都因為圓瑛在其中扮演關鍵性角色而度過危機。

一九二〇年代，圓瑛就到東南亞各國弘法，還曾來過臺灣。

一九三〇年代，對日抗戰期間，圓瑛擔任中國佛教會災區救護團團長，組織僧侶救護隊，輾轉於各地工作，也再赴東南亞各國募款以助抗日，回上海後還一度被日本憲兵隊逮捕。

圓瑛大師博覽群經，禪淨雙修，沒有門戶之見，自稱「初學禪宗，後則兼修淨土，深知禪淨同功」，尤其對《楞嚴經》的修證與講解有獨到之處，有近代僧眾講《楞嚴經》第一人之稱。

圓瑛大師顯示的是穩定前行，無所動搖的力量。

呂澂生於一八九六年，是歐陽竟無的弟子。

一九一一年，當歐陽竟無擔任金陵刻經處編校出版工作時，當時就讀南京民國大學經濟系的呂澂常去購買佛書，因而結緣。後來呂澂退學之後，一度去歐陽竟無開設的研究部研讀佛法，再去日本短暫研讀美學後，回國擔任教職。

一九一八年，呂澂受歐陽竟無之邀，協助創辦支那內學院，從此遠離世俗，專心於佛學研究與教學。到支那內學院正式創立，歐陽竟無擔任校長，呂澂擔任學務主任，與當時太虛大師所創辦的武昌佛學院，形成為兩大佛教教育中心。

歐陽竟無對楊仁山執弟子之禮，呂澂又是歐陽竟無的弟子，三代薪火相傳，不只是佳話，也是時代明炬。

呂澂從此一直陪伴歐陽竟無，除了度過北伐軍占領內學院的危機，抗戰時期還把內學院藏書與資料遷移到四川。歐陽竟無去世後，呂澂繼任院長。直到中共取得政權後，一九五二年內學院才走入歷史。

呂澂智慧過人。他自修精通英、日、法、梵、藏、巴利語，研究佛學的視野寬廣，當時無人能及。也因此，呂澂的譯著和著作俱豐；不但能寫作入門書籍，也能有深入研究的專門論述，解決許多佛教遺留的歷史問題。

因為呂澂字「秋子」，歐陽竟無也稱他為「鶖子」。「鶖子」是釋迦牟尼佛十大弟子中智慧第一的舍利弗的華文譯名。

呂澂讓人看到燦爛奪目的火炬之美，與力量。

法尊法師生於一九〇二年。

法尊留給後人的也是驚異與讚嘆。

他本來只有小學三年級的學歷，出家後成為太虛大師創辦的武昌佛學院第一期學僧，之後他不畏艱險去西藏留學十二年，讓自己的藏文造詣登峰造極，經論也通達顯密，因而有「當代玄奘」之譽。

法尊法師對漢藏文化交流的貢獻，不是單向的。他不只是從藏文翻譯了重要譯作如《菩提道次第廣論》、《密宗道次第廣論》、《宗喀巴大師傳》等書，尤其值得一提的是他花了四年時間，把兩百卷的《大毘婆沙論》從漢文譯為藏文。

雖然他原訂要再譯為藏文的一百卷《大智度論》並沒有進行，但光是把《大毘婆沙論》從漢文譯為藏文已經是不滅的事蹟。

法尊法師讓人看到像是一個人在巨大的冰山前，融冰為水的力量。

慈航法師生於一八九五年，也是太虛大師的門下。

他家境貧寒，父母早逝，跟人學習縫紉，因為常去寺院縫僧衣，羨慕出家人，因此起了出家的念頭。

但因為他沒讀過什麼書，所以出家十多年，還沒法讀懂佛經。後來，他發憤苦讀唐大圓編撰之《唯識講義》，自修多年終於精通唯識。

之後，慈航法師跟隨太虛大師至各處弘法，從中國而南洋各地。尤其一九三九年之行，太虛大師返國後，慈航法師繼續在南洋弘法十多年，所到之處，皆倡議創辦佛學院、佛學會。

一九四七年太虛大師圓寂後，慈航法師用「以佛心為己心，以師志為己志」來表達他對太虛大師「人間佛教」的追隨及實踐。

到一九四八年，慈航則決定來臺灣開辦佛學院，是當時來臺灣傳法的先行者。在那個年代，這條路當然有風險。因為從大陸來投靠慈航法師的學僧多起來，他一度被舉報匪諜而被捕。

慈航法師出獄後繼續在臺北日夜開講不同的佛經，感動多方發心捐助成立彌勒內院，禮請慈航法師主持，而終於使他和大陸來臺學僧都得到安頓。

慈航法師講學內容包括《楞嚴經》、《法華經》、《華嚴經》、《成唯識論》及《大乘起信論》等諸經論，使得彌勒內院成為一時最具影響力的佛學教育中心。

一九五四年，慈航法師於關房中安詳圓寂。他示寂前要求以坐缸安葬，五年後開缸。而五年後大眾遵囑開缸，見其全身完好，成就肉身菩薩。

慈航法師讓人見識到水滴成流，匯流出海的力量。

五

感謝洪啟嵩和黃啟霖兩位佛弟子在當年就有識見與能力，收納、編輯了這十個佛教關鍵人物的文集。

三十年來我以讀者身分受益，今天很榮幸有機會以出版者身分為大家介紹《現代佛法十人》。

希望大家也都能找到屬於自己的啟發。

《現代佛法十人》編者新序

洪啟嵩

一切故事，開始於兩千五百年前，佛陀在菩提樹下的悟道。

佛法是什麼？佛法即是緣起法，這是佛陀在菩提樹下，所悟的真諦實相，淨觀法界如幻現空，行於世間而無所執著，即是中道。

佛法是法界實相，非三世諸佛所有，佛法超越一切又入於一切。正因為佛法的空性、無執，使其在傳播的過程中，柔軟地和不同時空因緣結合，呈現出豐富多元的覺性風貌。

佛陀對一切文字平等對待，鼓勵以方言傳法，歡喜大家使用各自的語言情境習法。如《五分律》中說：「聽隨國音讀誦，但不得違失佛意。」

因此，讓諸方文字的特性，成為覺的力量，以「文字般若」導引「觀照般若」而成就「實相般若」，才是佛陀的原意。對於佛陀而言，能開悟眾生的就是佛陀的語言。在漢傳佛教浩瀚廣博的經藏法要中，我們看到這個精神的具體實踐。

而其中所謂成為「文字般若」的語言，必須具有三種特性：一、準確性，能傳持佛法依準其意而不失。二、鏡透性：能鏡透佛法體性，將其實相內義清明鏡透。三、覺動性：精準其語，鏡透於義，並能成為驅動眾生自覺自悟的力量。

漢傳佛教中，對這樣的「文字般若」特性，一直保持著良好傳承。這可以從三個面向來談：

一、漢傳佛教擁有最悠遠長久而無中斷的傳承。

相對於中國佛教，印度佛教的傳承是最原始的，但可惜在一二〇三年傳承中斷了。而斯里蘭卡從阿育王子摩哂陀於西元前二四七年，將佛法傳入之後，雖然也有很長的歷史，但可惜於十六世紀受到葡萄牙、荷蘭等殖民而中斷過。而漢傳佛教是長遠不斷並且對於教法能清楚明記。

二、漢傳佛教擁有世界佛教教法的總集，有著最完整的般若文本。

如大乘佛教中，龍樹菩薩最重要修法傳承的《大智度論》百卷及部派佛教中說一切有部最完整重要的論本《大毘婆沙論》兩百卷，梵本皆已佚失，只剩下漢文傳本。而漢傳佛教擁有各部派與大乘佛教的最完整文本。

三、漢傳佛教擁有佛法開悟創新的活泉。

唐代對佛法的會悟闡新，可視為漢傳佛教開悟創新活泉的代表。如六祖慧能所開啟的南宗傳承，直到當代世界依然傳持不斷，前期如有世界禪者之稱的鈴木大拙，及近期的越南一行禪師，皆出於南宗臨濟禪門，在世界上有其強大的影響。而在《現代佛法十人》系列的大師們，更讓世人明見，在清末民初全球動盪的大時代，為了紹承佛法，守護眾生慧命，摩頂放踵、為法忘軀的大師身影。

*

佛教自宋、元、明、清以來，成長已成停滯，甚至每況愈下；尤其明、清以降，只知固守傳統，失去了佛法的開創精神，日益衰微。到了咸豐初年到同治年間更受到太平天國的致命打擊，幾至滅亡。因為太平天國諸王雖不精純於基督教的純正信仰，卻能在「消滅異端」上發起絕然的聖戰。太平天國攻克六百餘座城市，勢力遍及十八省，這些以中國東南一帶為主的地區，原是清朝佛教的精華區域，結果卻在奄奄一息中又受到了致命的打擊。

如此來到清末的大變局，佛教相當於遭逢大時代的海嘯，不只無法適應，更幾至崩解。就外部而言，在時代環境求新求變的要求下，佛教淪為老舊的象徵；而匹夫無罪懷璧其罪，歷代累積而來的龐大寺產，也成為社會覬覦、侵奪的對象。因此自清末以來廢教之議屢見呼籲；而「廟產興學」，也在清末、民初成為政府與民間名流所流行的口號。此時的寺院不僅傳教無力，甚至連生存都成了問題。

就內部而言，佛教秉持著歷來的殘習，失去了佛法的內在精神與緣起妙義的殊勝動能，只知抱殘守缺，但以儀式為師。明、清以來，佛教的頹敗、陳腐與俗化，以及對時勢潮流與大眾需求的蒙昧，此時更達到極點。然而，也就在這種波瀾壯闊、風雲萬端的時代裡，漢傳佛教出現了一些偉大的英雄人物。他們認知到佛教必須另開新局，力挽狂瀾。

偉大的宗教心靈是社會的最後良心，也是生命意義的最終指歸。

因此在一九八七年，我和黃啟霖第一次編纂這套書的時候，首先是因為站在那個時刻反省佛教和當代文明的互動時，回首上世紀初那些人物曾經走過的路程，對他們示現的氣魄與承擔，深有所感。

所以我們選擇了十位對當代佛教影響深遠的大師文集，編輯出版，呈現出他們在風雨飄搖的時代，波瀾壯闊的風範；也因而可以讓後世的佛教徒認知他們做過的努力，進而呼應他們的召喚，為佛法傳播的歷史進程盡一份心力，幫助一切生命圓滿覺悟。

這就是我們編纂《現代佛法十人》這套書的根本動機。

*

在本系列中，我們選取了楊仁山、太虛、歐陽竟無、虛雲、弘一、印光、圓瑛、呂澂、法尊、慈航等十位大師，作為指標人物。

這十位大師各有其重要的貢獻及代表性。

一、楊仁山：被譽為「現代中國佛教之父」，開創了當代佛教研究新紀元的劃時代大師。

二、太虛：提倡人生佛教，發揚菩薩精神，開創佛教思想新境界，允為當代最偉大的佛教大師。

三、歐陽竟無：窮真究極，悲心澈髓，弘揚闡述玄奘系唯識學，復興佛教文化不世出的大師。

四、虛雲：修持功深，肩挑中國佛教四眾安危，不畏生死，具足祖師德範，民國以來最偉大的禪門大師。

五、弘一：天才橫溢，出格奇才，終而安於平淡，興復律宗，民國以來最偉大的律宗大師。

六、印光：孤高梗介，萬眾信仰，常將死字掛心頭，淨土宗的一代祖師。

七、圓瑛：宗教兼通，保寺護教，勞苦功高傳統佛教的一代領袖。

八、呂澂：承繼歐陽唯識，自修精通英、日、法、梵、藏語，民國以來佛學學力無出其右的大師。

九、法尊：溝通漢藏文化，開創中國佛教研究新眼界的一代佛學大師。

十、慈航：以師（太虛）志為己志，修持立學，開創臺灣佛教新紀元的大師。

十人中以楊仁山為首，是因為在傳承上，民國以來的佛教界，有兩大系最受到海內外的重視，也發生最大的影響。

其一是以太虛為中心的出家學僧，法尊、慈航都是太虛的弟子。
其二是以歐陽竟無為中心的在家佛教學者，呂澂是歐陽竟無的弟子。
而太虛與歐陽竟無皆同從學於楊仁山的金陵祇洹精舍，也可說同出一系。所以對近代中國佛教深有研究的美國學者唯慈（Holmes Welch），稱楊仁山為「現代中國佛教之父」。
而虛雲、弘一、印光與太虛同稱民初四大師；圓瑛長於太虛，並曾相與結為兄弟，雖然其後見解各異，圓瑛仍為傳統佛教的一代領袖。
這樣就可以理解這十位大師在漢傳佛教歷史上的重要地位。
如果再延伸來到臺灣的法脈，他們的影響力就更清楚了：
聖嚴法師系出東初禪師，而東初是太虛的弟子。
星雲法師曾就讀於焦山佛學院，當時學院的院長是東初禪師。
證嚴法師系出印順長老，而印順是太虛的弟子，並受戒於圓瑛法師。
惟覺法師系出靈源長老，而靈源是虛雲大師的弟子。

*

一九八七年編輯這套書的構想，到今天我們依舊感受鮮明。
臺灣佛教承受民初這些大師的因緣，有了極大的發展，在世化的推廣上，也十分蓬勃。但是當前人類和地球都面臨嚴酷的生存課題，太空世紀也即將開啟新的挑戰，所以我們深信唯有佛法能為這些課題和挑戰開啟新的覺性之路，也深信今天的佛教徒要在內義與實證上都開創出更新的格局。

也正因為漢傳佛教特有的歷史傳承，站到這個新的時代關鍵點上，所以在此刻回顧這十位大師的精神和走過的路，格外有意義。

我們一方面向這些大師所做的傳承致敬，也祈求透過閱讀他們的文字與心得，能讓自己從佛法中悟入更高遠的修證，能在人類、地球、未來最關鍵的時刻裡，找到可以指引新路的光明，也是新的覺性文明！

在此特別感謝郝明義先生，在其倡議下，重新出版這套《現代佛法十人》文集，承繼與呼應新時代的佛法精神。新版的《現代佛法十人》，加入大師們的生平簡傳，並在每篇文章、書信都註明原始出處，並統一重新設計、排版、標點。

《現代佛法十人》的出版，除了向十位大師致敬，也希望這套書能成為現代人覺性修行之路的新起點。

肩挑五脈振宗風——虛雲老和尚

修持功深，肩挑中國佛教四眾安危，不畏生死，具足祖師德範，民國以來最偉大的禪門大師

一八四〇年，虛雲大師出生於福建泉州，原籍湖南湘鄉人。俗家姓蕭，為官宦門第，出家法名古巖，又名演徹，字號德清，別號虛雲。

其父母中年無子，禱於觀音寺而得。據虛雲自述，他出生時為一肉團，母親看到駭慟氣壅而死，隔日一賣藥翁來剖開肉團而出生，由庶母撫育成人。

虛雲小時候於泉州府衙從師習儒業，十三歲時祖母逝世，隨父親扶祖母及生母之靈柩回湖南湘鄉安葬，見家中僧眾行法事之佛像、經書、三寶法器等心生歡喜，又隨家人朝禮南嶽衡山道場而萌出家之念。

十七歲逃家，想到南嶽出家，半路被追回，送回泉州與父親生活。父親想要斷他出家之念，為他迎娶兩房妻子，然而他出家修行之念甚堅，雖然結婚，卻與兩房妻子相約，同房而無行敦倫之禮。十九歲時再逃家，到鼓山湧泉寺禮常開老人為師，得剃髮出家為僧。隔年，在鼓山妙蓮和尚處受具足戒。為了躲父親來找，隱居後山岩洞不出，終日禮萬佛懺，修行不輟，三年後乃回湧泉寺任職水頭、園頭等職務，經四年後又回後山岩洞中修行。山中修行，虛雲都是

居岩穴，食松果，飲澗水，衣不蔽體，長髮覆肩，禪境高深，身強體健。如是又過了幾年，遇一行腳僧指點，前往天台山參禮融鏡老法師。

虛雲三十一歲時，到了天台融鏡老法師處。老法師看他蓬首垢面，衣不蔽體，就問他何至於此？虛雲如實回答後，老法師責問他：「你的這種作為，近於外道，而非正路，枉費了十年功夫。就算你修行有成，證到初果，亦不過是個自了漢。發提菩心，上求下化，自度度人，才是修行的正途。」於是虛雲在老法師學習天台教觀兩年，又受老法師指示到國清寺學習「禪制」，到方廣寺聽習《法華經》。

三十六歲時，虛雲到高明寺聽敏曦法師講《法華經》後，拜辭融鏡老法師下山走江湖參訪名山尊宿。幾年後，四十三歲二度朝禮普陀山的時候，為報父母恩，發心從普陀山三步一拜，行走跪拜至五台山朝禮文殊菩薩，歷經三年艱辛與危難疾病等而完成。後又禮北嶽恒山、西嶽華山，一路到長安禮大雁塔、杜順塔、清涼澄觀塔、玄奘塔，圓滿後入終南山南五山結茅修行兩年。

一八八七年春，離終南山，展開朝聖之旅。首先入四川、西藏朝禮各大名剎，後翻越喜馬拉雅山，至不丹、印度、斯里蘭卡參禮聖蹟。後又乘船至緬甸，禮大金塔等佛國聖地，一八八九年回國。

一八九一年，到金陵助松嚴上人修建淨成寺，同時與楊仁山往來，討論《因明論》、《般若燈論》等論著。後至安徽九華山翠微峰住茅棚，研讀《華嚴經》。

一八九五年，虛雲五十六歲時，揚州高旻寺月朗方丈預辦十二個禪七，禮請赤山法忍和尚主七，並到九華山邀虛雲，請與禪七職事。虛雲前往與會時，走在長江邊上，不慎失足墜江，漂浮一日，為漁夫救起，當時已七竅流血，仍趕赴高旻寺參與禪七。高旻寺請其領職務時，虛雲拒接，亦不說墜江身病之事，只求堂中打七。因高旻寺家風嚴峻，請職不受者視為慢眾行為，於是虛雲挨香板，造成病情加劇。

然而虛雲置生死於度外，一心參禪，晝夜精勤，過了二十多天，所有的病痛都消退了。一晚放香時，他開目一看，忽然看見大地光明如白晝，內外洞徹；甚至能隔牆透視香燈師小解，又看見西單師在茅廁中；甚至能看到遠達長江河中的行船，兩岸樹木等種種形形色色，悉皆能了見。

第二天，他詢問香燈師及西單是否有此事，果然如前夜所見。

到臘月第八個七，第三晚，六支香開靜時，護七執事照例來沖開水，開水濺到虛雲手上，一時茶杯墜地破碎，頓斷疑根。後來虛雲自述偈曰：「杯子撲落地，響聲明歷歷。虛空粉碎也，狂心當下息。」又作偈：「燙著手，打碎杯，家破人亡語難開。春到花香處處秀，山河大地是如來。」從出家至此，明心見性開悟，漫漫三十七年歲月，歷盡磨難，終得安心處，從此悟後起修，演教度他而行。

虛雲大師五十六歲悟道後的六十四年弘法歲月，歷經不同階段的歷史事件，也留下眾多大家口耳相傳的事蹟。

五十九歲時，他曾發願燃指供佛以報母恩。在為燃指供佛作準備時，每天禮佛三千拜，因超過體力負荷至大病頓發，幾至命殞。但他誓願至死方休，指燃供佛後，竟然不用人扶而能自己站立禮佛，隔日，病已復癒。

六十一歲時，虛雲避八國聯軍之亂，在山中修持，坐爐邊煮芋頭，禪坐待熟，竟不覺入定十八天。虛雲為了募捐籌建佛寺，到南洋傳法了兩次。其中一次曾經在回國時途經臺灣，登陸參訪基隆靈泉寺。一次在暹羅講經時入定九天。辛亥革命，各地大亂，雲南省新軍協統李根源排斥佛教，親領部隊上雞足山，欲逐僧拆寺，虛雲與之論辨釋疑，後李根源皈依三寶，反成護法大員。

一九五二年，虛雲一百一十二歲，發生了震驚全國的「雲門事變」。當時他準備在雲門山大覺寺傳戒，正值中國共產黨展開「鎮壓反革命運動」，於時廣東省乳源縣民兵包圍寺院，藉口寺中窩藏反革命分子、軍械及金銀為由，囚禁虛雲等寺僧二十六名。

逾百高齡的虛雲老和尚，不但被囚禁，並多次以棍棒毒打刑求，最後倒於血泊中，呼吸、脈搏都停止了，唯身體仍溫，面容平靜，歷時八天才獲救。

雲門事變後在李濟深與周恩來的斡旋下，歷時三個月事件方告停止。

虛雲獲救醒來時，侍者告訴他已入定八日，他說：感覺才數分鐘而已！

在《虛雲老和尚年譜》中，他自述當時他在定中至兜率內院聽彌勒菩薩說法，見到多位歷代修持瑜伽唯識的祖師都在座。彌勒菩薩講經未畢之時，教他先回去，說他的業緣未了，必須回去，以後再來。虛雲的真修實證，令施暴者驚懼，也感動了無數見聞者，對佛法的修行生起無比的信心。

一九五九年虛雲化緣已盡，於雲居山真如寺安詳圓寂，享壽一百二十歲。其臨終之時仍不忘慈心度生之懷，囑寺僧學人：「應以法為重，努力精進，勤修戒定慧，息滅貪瞋痴。」

重要著述與傳人

虛雲是中國近年禪宗巨擘，身兼禪門五家法脈，他在鼓山接曹洞宗傳承，兼嗣臨濟宗，中興雲門宗，匡扶法眼宗，延續溈仰宗。

他一生修行解行並重，重戒修定與持經，是宗說兼通，定慧圓融的高僧。其參禪修持之餘，隨緣講經化眾，其所撰著因雲居事變被毀而散佚，可知之著作有《楞嚴經玄要》、《法華經略疏》、《圓覺經玄義》、《遺教經註釋》、《心經釋》，可惜大多散佚不存了。教導弟子常以詩偈代禪機，故著有詩偈數百首，亦有開示弟子注重行持，勿流於空談之語存世，故弟子岑學呂為之編輯刊行《虛雲和堂文彙》和《虛雲和尚禪七開示錄》等二書。此二書為後代修禪必讀之著作，影響後人學禪深遠。

跟隨虛雲學禪者眾多，嗣法者不少：具行是雲南時期的代表弟子，其默默修行，圓寂後神異事蹟不少。觀本、靈源是鼓山時期的代表弟子，本煥和尚是曹溪時期的代表弟子，佛源、淨慧是雲門時期的代表弟子，聖一、宣化、傳印、一誠是雲居時期的代表弟子。而臺灣當代四大法脈的名僧，惟覺老和尚、聖嚴法師，皆是嗣其法脈。

興革除弊大弘宗風——當代禪宗第一人

虛雲老和尚復興清末民初禪宗道場的成就，無出其右者。他一生以全身心性命，投注於中興祖庭、弘法度眾。國朝更迭、世局動盪，叢林道場更成惶惶佛教四眾庇護之所，得以安身立命，邁向覺悟之道。甚至在逾百高齡，仍接下了禪宗法源六祖南華寺及法眼宗雲門寺重建的艱鉅任務。

除了外相上重建名山大剎、祖師道場，更實行內部僧團制度、寺院規約之革改，將寺院中不良積習掃除，一掃清末民初佛教為人垢病的「趕經懺」、「子孫廟」積習，重建十方道場，以身作證，行以傳戒、修禪，注重佛學教育，農、禪並行，俾使學人勤修戒、定、慧三學，大弘宗風。

虛雲一生經歷生死險境，後人甚至以「十難四十八奇」形容他傳奇的一生。在他一百一十二歲時，遭逢雲門事變，年邁之軀遭多次亂棒毒打，而以禪定攝身奇蹟存活，感動了無數見聞者發心向道。他曾自云：「但教群迷登覺岸，敢辭微命赴爐湯。」這種堅苦卓絕的精神，源於他對佛法真實修證、真實的悟境，以及深刻的悲心所產生的力量。

不忍聖教衰，不忍眾生苦，促使他在動盪的大時代中，終其一生不斷傳法、弘法，直到百餘高齡仍一肩扛起佛法復興的重任，在最艱困的時代，讓正法得以傳續。當年中國的佛教能傳續至今，可說是虛雲老和尚的偉大貢獻，被譽為當代禪宗第一人。

禪修

福建功德林佛七開示

勝進法師命署煒居士錄

當民國二十二年春季，閩省福建功德林居士發起佛七時，至第三日，虛雲老和尚由鼓山湧泉寺下省公幹，順途到功德林慰問大眾，剛好佛七止靜默念，大眾一聞虛雲老和尚駕到，大半離座迎接，叩頭禮足。當時雲老和尚大喝一聲說：「你們學佛好多年，今天對這樣嚴肅佛七道場，給你倒插法幢了。佛法的門中，無論是禪、是淨，貴在六根門頭用事，掉舉與昏沉都是失念的病源。你們記得嗎？《彌陀經》中說過：『假如一天、二天、三天，甚至於七天，都一心不亂，那個人在臨命終的時候，阿彌陀佛和諸聖眾現在他的面前，接引往生。』現在你們諸位能不能一心不亂，如果一心不亂，怎樣會聽到老僧到來；如果一心不定，念到阿彌陀佛現身到來，你也不認識；他是佛是魔，你還不認識；是定是亂，也弄不清楚，那前途危險，真是可憐！可憐！」大眾給他教訓一番，都不知道怎樣是好；到佛七場中開靜了，虛雲老和尚就同大家入殿禮佛，向大家開示說：「你們打佛七，貴在一心；如果心不一，東看西聽，這樣的念佛，就是念到彌勒下生，還是業障纏身。佛法、世佛，都是一樣；世法無心，尚且不可以，何況佛法呢？念佛的人，從頭到尾要綿綿密密、一字一字、一句一句不亂的念去，佛來也這樣念，魔來也這樣念，念到風吹不入，雨打不溼，這樣才有成功的日子。為什麼呢？佛者是覺也，既然能覺悟，自然知道用力專心念去，魔者是惱也，惱害眾生慧命，知道他惱害慧命，當然更加用力專心去降伏他；所以當能夠覺時，就是見佛；如果遇害，就是著魔。現在佛七場中，如果坐在本位不動，繼續念下去的各位居士，算是見著佛了；你們叩頭接我的有幾位，你們說接到什麼？既說不出好處，豈不是虛耗時光，空無所得！豈不是我來惱害你們一心大事，擾亂你們一心淨業！這樣就是你們置我於魔羅邊處了。可歎！世俗人每每不知恭敬三寶，實在可憐，他們有的用什麼燒豬、雞、魚供養觀音菩薩，既然犯了殺戒，又不恭敬。有一次，我在上海時，正遇梅蘭芳在上海演戲，有某居士包一個廂位，花數百元請我看戲，我告訴他說：『入關齋戒弟子，尚且不可看戲，何況我出家的僧人！你請我看戲，無異燒豬供菩薩。』那個人叩頭悔過說：『我今天花了幾百元得到開示，知道敬僧的道理了。』佛法無上，貴在用心！」一句珍重，揖別而去，此時各人不敢起身送別，而虛雲老和尚也不回頭看看。

這個佛七，經過虛雲老和尚開示之後，所剩下的四天佛七工夫，的確是樣樣照做。其中有一位陳大蓮居士，建甌人，歸依太虛法師，曾任福建省議會議長，在此期佛七的第六天念佛中，看見地上顯出黃金色，很是高興；結七後特地上鼓山，再請虛雲老和尚開示，蒙虛雲老和尚開示說：「這是心到達清境的表現；切戒生貪念，務須一心念佛，努力精進，自然到家，不能夠有其他希求。」要知道圓人說法，沒有一法不圓，任他橫說直說，都是契理契機。

禪堂開示

引言（中有複語因在禪七中開示者）

諸位常時來請開示，令我很覺慼愧，諸位天天辛辛苦苦，砍柴鋤地，挑土搬磚，一天忙到晚，也沒打失辦道的念頭，那種為道的殷重心實在令人感動，虛雲慚愧，無道無德，說不上所謂開示，只是拾古人幾句涎唾來酬諸位之問而已。

用功的入門方法

用功辦道的方法很多，現在且約略說說：

一、辦道的先決條件

（一）深信因果

無論什麼人，尤其想用功辦道的人，先要深信因果，若不信因果，妄作胡為，不要說辦道不成功，三塗少他不了；佛云：「欲知前世因，今生受者是，欲知來世果，今生作者是。」又說：「假使百千劫，所造業不亡，因緣會遇時，果報還自受。」《楞嚴經》說：「因地不真，果招紆曲。」故種善因結善果，種惡因結惡果，種瓜得瓜，種豆得豆，乃必然的道理。談到因果，我說兩件故事來證明。

一是琉璃王誅釋種的故事。釋迦佛前，迦毗羅閱城裡有一個捕魚村，村裡有個大池，那時天旱水涸，池裡的魚類盡給村人取喫，最後剩下一尾最大的魚也被烹殺，祇有一個小孩從來沒有喫魚肉，僅那天敲了大魚頭三下來玩耍。後來釋迦佛住世的時候，波斯匿王很相信佛法，娶釋種女生下一個太子叫做琉璃。琉璃幼時，在釋種住的迦毗羅閱城讀書，一天因為戲坐佛的座位，被人罵他，把他抛下來，懷恨在心，及至他做國王，便率大兵攻打迦毗羅閱城，把城裡居民盡數殺戮，當時佛頭痛了三天，諸大弟子都請佛設法解救他們，佛說定業難轉。目犍連尊者以神通力用鉢攝藏釋迦親族五百人在空中，滿以為把他們救出，那知放下來時已盡變為血水，諸大弟子請問佛，佛便將過去村民喫魚類那段公案說出：那時大魚就是現在的琉璃王前身，他率領的軍隊，就是當日池裡的魚類，現在被殺的羅閱城居民，就是當日喫魚的人，佛本身就是當日的小孩。因為敲了魚頭三下，現在要遭頭痛三天之報。定業難逃，所以釋族五百人，雖然目犍連尊者救出，也難逃性命。後來琉璃王生墮地獄，冤冤相報，沒有了期，因果實在可怕。

二是百丈度野狐的故事。百丈老人有一天上堂，下座後，各人都已散去，獨有一位老人沒有跑，百丈問他做什麼，他說：「我不是人，實是野狐精，前生本是這裡的堂頭，因有個學人問我：『大修行人還落因果否？』我說：『不落因果。』便因此墮落，做了五百年野狐精，沒法脫身，請和尚慈悲開示。」百丈說：「你來問我？」那老人便道：「請問和尚，大修行人還落因果否？」百丈答道：「不昧因果。」那老人言下大悟，即禮謝道：「今承和尚代語，令我超脫狐身，我在後山巖下，祈和尚以亡僧禮送。」第二天百丈在後山石巖以杖撥出一頭死狐，便用亡僧禮將他化葬。我們聽了這兩段故事，便確知因果可畏，雖成佛也難免頭痛之報，報應絲毫不爽，定業實在難逃，我們宜時加警惕，慎勿造因。

（二）嚴持戒律

用功辦道首要持戒，戒是無上菩提之本。因戒纔可以生定，因定纔可以發慧，若不持戒而修行，無有是處。《楞嚴經》四種清淨明誨告訴我們，不持戒而修三昧者，塵不可出，縱有多智，禪定現前，亦落邪魔外道，可知道持戒的重要。持戒的人，龍天擁護，魔外敬畏，破戒的人，鬼言大賊，掃其足跡。從前在罽賓國近著僧伽藍的地，有條毒龍時常出來為害地方，有五百位阿羅漢聚在一起，用禪定力去驅逐他，總沒法把他趕跑，後來另有一位僧人，也不入禪定，僅對那毒龍說了一句話：「賢善遠此處去。」那毒龍便遠跑了。眾羅漢問那僧人什麼神通把毒龍趕跑，他說：「我不以禪定力，直以謹慎於戒，守護輕戒猶如重禁。」我們想想：五百位羅漢的禪定力，也不及一位嚴守禁戒的僧人。或云六祖說：「心平何勞持戒，行直何用參禪？」我請問你的心已平直沒有？有個月裡嫦娥赤身露體抱著你，你能不動心嗎？有人無理辱罵痛打你，你能不生嗔恨心嗎？你能夠不分別冤親憎愛，人我是非嗎？統統做得到，才好開大口，否則不要說空話。

（三）堅固信心

想用功辦道，先要一個堅固信心，信為道源功德母，無論做什麼事，沒有信心是做不好的，我們要了生脫死，尤其要一個堅固信心。佛說大地眾生皆有如來智慧德相，只因妄想執著，不能證得，又說了種種法門來對治眾生的心病，我們就當信佛語不虛，信眾生皆可成佛，但我們為什麼不成佛呢？皆因未有如法下死功夫呀！譬如我們信知黃豆可造豆腐，你不去造他，黃豆不會自己變成豆腐，即使造了，石膏放不如法，豆腐也會造不成。若能如法磨煮去渣，放適量的石膏，決定可成豆腐。辦道亦復如是，不用功固然不可以成佛，用功不如法，佛也是不能成；若能如法修行，不退不悔，決定可以成佛，故我們應當深信自己本來是佛，更應深信依法修行決定成佛。永嘉禪師說：「證實相，無人法，剎那滅卻阿鼻業，若將妄語誑眾生，自招拔舌塵沙劫。」他老人家慈悲，要堅定後人的信心，故發如此弘誓。

（四）決定行門

信心既具，便要擇定一個法門來修持，切不可朝秦暮楚，不論念佛也好，持咒也好，參禪也好，總要認定一門，驀直幹去，永不退悔，今年不成功，明天一樣幹，今年不成功，明年一樣幹，今世不成功，來世一樣幹。溈山老人所謂：「生生若能不退，佛階決定可期。」有等人打不定主意，今天聽那位善知識說念佛好，又念兩天佛，明天聽某位善知識說參禪好，又參兩天禪，東弄弄，西弄弄，一生弄到死，總弄不出半點「名堂」，豈不冤哉枉也！

二、參禪方法

用功的法門雖多，諸佛祖師皆以參禪為無上妙門。楞嚴會上佛敕文殊菩薩揀選圓通，以觀音菩薩的耳根圓通為最第一，我們要反聞聞自性，就是參禪。這裡是禪堂，也應該講參禪這一法。

（一）坐禪須知

平常日用皆在道中行，那裡不是道場？本用不著什麼禪堂，也不是坐纔是禪的。所謂禪堂，所謂坐禪，不過為我等末世障深慧淺的眾生而設。

坐禪要曉得善調養身心，若不善調，小則害病，大則著魔，實在可惜！禪堂的行香坐香，用意就在調身心，此外調身心的方法還多，今擇要略說：

跏趺坐時，宜順著自然正坐，不可將腰作意挺起，否則火氣上升，過後會眼屎多，口臭氣頂，不思飲食，甚或吐血，又不要縮腰垂頭，否則容易昏沈。

如覺昏沉來時，睜大眼睛，挺一挺腰，輕略移動臀部，昏沈自然消滅。

用功太過急迫，覺心中煩燥時，宜萬緣放下，功夫也放下來，休息約半寸香，漸會舒服，然後再提起用功，否則，月積日累，便會變成性燥易怒，甚或發狂著魔。

坐禪有些受用時，境界很多，說之不了，但你不要去執著它，便礙不到你。俗所謂「見怪不怪，其怪自敗。」」雖看見妖魔鬼怪來侵擾你，也不要管他，也不要害怕，就是見釋迦佛來替你摩頂授記，也不要管他，不要生歡喜。「楞嚴」所謂：「不作聖心，名善境界，若作聖解，即受群邪」。

（二）用功下手——認識賓主

用功怎樣下手呢？楞嚴會上憍陳那尊者說客塵二字，正是我們初心用功下手處。他說：「譬如行客，投寄旅亭，或宿或食，宿食事畢，俶裝前途，不遑安住，若實主人，自無攸往，如是思惟，不住名客，住名主人，以不住者名為客義。又如新霽，清暘升天，光入隙中，發明空中，諸有塵相，塵質搖動，虛空寂然，澄寂名空，搖動名塵，以搖動者名為塵義。」客塵喻妄想，主空喻自性，常住的主人，本不跟客人或來或往，喻常住的自性，本不隨妄想忽生忽滅，所謂「但自無心於萬物，何妨萬物常圍繞！」塵質自搖動，本礙不著澄寂的虛空，喻妄想自生滅，本礙不著如如不動的自性，所謂「一心不生，萬法無咎。」

此中客字較粗，塵字較細，初心人先認清了「主」和「客」，自不為妄想遷流，進步明白了「空」和「塵」，妄想自不能為礙，所謂「識得不為寃」，果能於此諦審領會，用功之道思過半了。

（三）話頭與疑情

古代祖師直指人心，見性成佛，如達摩祖師的安心，六祖的惟論見性，只要直下承當便了，沒有看話頭的。到後來的祖師，見人心不古，不能死心塌地，多弄機詐，每每數他人珍寶作自己家珍，便不得不各立門庭，各出手眼，纔令學人看話頭。

話頭很多，如「萬法歸一，一歸何處」、「父母未生前，如何是我本來面目」等等，但以念佛是誰為最普通。

什麼是話頭？話就是說話，頭就是說話之前，如念「阿彌陀佛」是句話，未念之前就是話頭。所謂話頭，即是一念未生之際，一念纔生，已成話尾；這一念未生之際，叫做不生，不掉舉，不昏沉，不著靜，不落空，叫做不滅，時時刻刻，單單的的，一念迴光返照，這「不生不滅」就叫做看話頭，或照顧話頭。

看話頭先要發疑情，疑情是看話頭的枴杖。何謂疑情？如問念佛的是誰，人人都知道是自己念，但是用口念呢？還是用心念呢？如果用口念，睡著了還有口，為什麼不會念？如果用心念，心又是個什麼樣子，卻沒處捉摸，因此不明白，便在「誰」上發起輕微的疑念，但不要粗，愈細愈好，隨時隨地，單單照顧定這個疑念，像流水般不斷地看去，不生二念。若疑念在，不要動著他，疑念不在，再輕微提起。初用心時，必定靜中比動中較得力些，但切不可生分別心，不要管他得力不得力，不要管他動中或靜中，你一心一意的用你的功好了。

「念佛是誰」四字，最著重在個「誰」字，其餘三字不過言其大者而已，如穿衣吃飯的是誰？屙屎放尿的是誰？打無明的是誰？能知能覺的是誰？不論行住坐臥，「誰」字一舉，便有最容易發疑念，不待反覆思量、卜度作意纔有。故誰字話頭，實在是參禪妙法，但不是將「誰」字或「念佛是誰」四字作佛號念，也不是思量卜度去找念佛的是誰，叫做疑情。有等將

「念佛是誰？」四字。念不停口，不如念句阿彌陀佛功德更大；有等胡思亂想，東尋西找叫做疑情，那知愈想妄想愈多，等於欲升反墜，不可不知。

初心人所發的疑念很粗，忽斷忽續，忽熟忽生，算不得疑情，謹可叫做想；漸漸狂心收攏了，念頭也有點把得住了，纔叫做參，再漸漸功夫純熟，不疑而自疑，也不覺得坐在什麼處所，也不知道有身心世界，單單疑念現前，不間不斷，這纔叫做疑情；實際說起來，初時那算得用功，僅僅是打妄想，到這時真疑現前，纔是真正用功的時候，這時候是一個大關隘，很容易跑入歧路。①這時清清淨淨無限輕安，若稍失覺照，便陷入輕昏狀態，若有個明眼人在旁，一眼便會看出他正在這個境界，一香板打下，馬上滿天雲霧散，很多會因此悟道的。②這時清清淨淨，空空洞洞，若疑情沒有了，便是無記，坐枯木巖，或叫「冷水泡石頭」，到這時就要提，提即覺照（覺即不迷，即是慧；照即不亂，即是定）。單單的這一念，湛然寂照，如如不動，靈靈不昧，了了常知，如冷火抽煙，一線綿延不斷，用功到這地步，要具金剛眼睛，不再提，提就是頭上安頭。昔有僧問趙州老人道：「一物不將來時如何？」州曰：「放下來！」僧曰：「一物不將來，放下個什麼？」州曰：「放不下挑起去！」就是說這時節，此中風光，如人飲水，冷暖自知，不是言說可能到，到這地步的人，自然明白，未到這地步的人，說也沒用，所謂：「路逢劍客須呈劍，不是詩人不獻詩。」

（四）照顧話頭與反聞聞自性

或問：「觀音菩薩的反聞聞自性，怎見得是參禪？」我方說照顧話頭，就是教你時時刻刻、單單的的，一念迴光返照。「不生不滅。」（話頭）反聞聞自性，也是教你時時刻刻、單單的的一念反聞聞自性。「迴」就是反，「不生不滅」就是自性。「聞」和「照」雖順流時循聲逐色，聽不越於聲，見不超於色，分別顯然，但逆流時反觀自性。不去循聲逐色，則原是一精明「聞」和「照」沒有兩樣。我們要知道，所謂照顧話頭，所謂反聞自性。絕對不是用眼睛來看，也不是用耳朵來聽，若用眼睛看，或耳朵來聽，便下循聲逐色，被物所轉，叫做順流，若單單的一念在「不生不滅」中，不去循聲逐色，就叫做逆流，叫做照顧話頭，也叫做反聞自性。

（五）生死心切與發長遠心

參禪最要生死心切，和發長遠心，若生死心不切，則疑情不發，功夫做不上；若沒有長遠心，則一曝十寒，功夫不成片。只要有個長遠切心，真疑便發，真疑發時，塵勞煩惱不息而自息，時節一到，自然水到渠成。

我說個親眼看見的故事給你們聽。前清庚子年間，八國聯軍入京，我那時跟光緒帝慈禧太后們一起走，中間有一段，徒步向陝西方面跑，每日跑幾十里路，幾天沒有飯喫，路上有一個老百姓，進貢了一點番薯藤給光緒帝，他喫了還問那人是什麼東西這麼好喫，你想：皇帝平日好大的架子，多大的威風，那曾跑過幾步路，那曾餓過半頓肚子，那曾喫過蕃薯藤？到那時，架子也不擺了，威風也不逞了，路也跑得了，肚子也餓得了，菜根也喫得了。為什麼他這樣放得下？因為聯軍想要他的命，他一心想逃命呀！可是後來議好和，御駕回京，架子又擺起來了，威風又逞起來了，路又跑不得了，肚子又餓不得了，稍不高興的東西也喫不下咽了。為什麼他那時又放不下了？因為聯軍已不要他的命，他已沒有逃命的心了，假使他時常將逃命的心腸來辦道，還有什麼不了，可惜沒個長遠心，遇著順境故態復萌。

諸位同參呀！無常殺鬼正時刻要我們的命，他永不肯同我們「議和」的呀！快發個長遠切心來了生脫死吧！高峯妙祖說：「參禪若要剋日成功，如墮千丈井底相似，從朝至暮，從暮至朝，千思想，萬思想，單單是箇求出之心，究竟決無二念，誠能如是施功，或三日，或五日，或七日，若不徹去，高峯今日犯大妄語，永墮拔舌泥犁。」他老人家也一樣大悲心切，恐怕我們發不起長遠切心，故發這麼重誓來向我們保證。

三、用功兩種難易

用功人有兩種難易：（一）初用心的難易。（二）老用心的難易。

（一）初用心的難易

①初用心難——偷心不死

初用心的通病，就是妄想習氣放不下來，無明、貢高、嫉妒、障礙、貪嗔癡愛、懶做好喫、是非人我漲滿一大肚皮，那能與道相應？或有些是個公子哥兒出身，習氣不忘，一些委曲也受不得，半點苦頭也喫不得，那能用功辦道？他沒有想想本師釋迦牟尼佛，是個什麼人出家的。或有些識得幾個文字，便尋章摘句，將古人的言句作解會，還自以為了不起，生大我慢，遇著一場大病便叫苦連天，或臘月三十到來，便手忙腳亂，生平知解一點用不著，纔悔之不及！有點道心的人，又摸不著一個下手處，或有害怕妄想，除又除不了，終日煩煩惱惱，自怨業障深重，因此退失道心。或有要和妄想拼命，憤憤然提拳鼓氣，挺胸睜眼，像煞有介事，要與妄想決一死戰，那知妄想卻拼不了，倒弄得吐血發狂。或有怕落空，那知早已生出「鬼」，空也空不掉，悟也悟不來。或有將心求悟，求知求悟道、想成佛，都是個大妄想，砂非飯本，求到驢年也決定不得悟。或有碰到一兩枝靜香的，便生歡喜，那僅是盲眼烏龜鑽木孔，偶然碰著，不是實在功夫，歡喜魔早已附心了。或有靜中覺得清清淨淨很好過，動中又不行，因此避喧向寂，早做了動靜兩魔王的眷屬。諸如此類，很多很多，初用功摸不到路頭實在難，有覺無照，則散亂不能「落堂」，有照無覺，又坐在死水裡浸殺。

②初用心的易——放下來單提一念

用功雖說難，但摸到頭路又很容易，什麼是初用心的易呢？沒有什麼巧，放下來便是。放下個什麼？便是放下一切無明煩惱。怎樣纔可放下呢？我們也送過往生的，你試罵那死屍幾句，他也不動氣，打他幾棒，他也不還手，平日好打無明的也不打了，平日好名好利的也不要了，平日諸多習染的也沒有了，什麼也不分別了，什麼也放下了。諸位同參呀！我們這個軀殼子，一口氣不來，就是一具死屍，我們所以放不下，只因將牠看重，方生出人我是非，愛憎取捨，若認定這個軀殼子是具死屍，不去寶貴牠，根本不把牠看作是我，還有什麼放不下？只要放得下，二六時中，不論行住坐臥，動靜閒忙，通身內外只是一個疑念，平平和和不斷的疑下去，不雜絲毫異念，一句話頭，如倚天長劍，魔來魔斬，佛來佛斬，不怕什麼妄想，有什麼打得你閒岔？那個去分動分靜？那個去著有著空？如果怕妄想，又加一重妄想，覺清淨，早已不是清淨；怕落空，已經墮在有中；想成佛，早已入了魔道，所謂運水搬柴無非妙道，鋤田種地總是禪機，不是一天盤起腿子打坐，纔算用功辦道的。

（二）老用心的難易

①老用心的難——百尺竿頭不能進步

什麼是老用心的難呢？老用心用到真疑現前的時候，有覺有照，仍屬生死，無覺無照，又落空亡，到這境地實在難。很多到此灑不脫，立在百尺竿頭，沒法進步的，有等因為到了這境地，定中發點慧，領略古人幾則公案，便放下疑情，自以為大徹大悟，吟詩作偈，瞬目揚眉，稱善知識，殊不知已為魔眷。又有等錯會了達摩老人的「外息諸緣，內心無喘，心如牆壁，可以入道」和六祖的「不思善，不思惡，正與麼時那個是明上座本來面目」的意義，便以坐在枯木巖為極則，這種人以化城為寶所，認異地作家鄉，婆子燒庵，就是罵此等死漢。

②老用心的易——綿密做去

什麼是老用心的易呢？到這時只要不自滿，不中輟，綿綿密密做去，綿密中更綿密，微細中更微細，時節一到，桶底自然打脫，如或不然，找善知識抽釘拔楔去。

寒山大士頌云：「高高山頂上，四顧極無邊，靜坐無人識，孤月照寒泉，泉中且無月，月是在青天，吟此一曲歌，歌中不是禪。」首二句，就是說獨露真常，不屬一切，盡大地光皎皎地，無絲毫障礙；次四句，是說真如妙體，凡夫固不能識，三世諸佛也找不到我的處所，故曰無人識，孤月照寒泉三句，是他老人家方便譬如這個境界，最後兩句，怕人認指作月，故特別提醒我們，凡此言說都不是禪呀！

結論

就是我方纔說了一大堆，也是扯葛藤，打閒岔，凡有言說，都無實義，古德接人，非棒則喝，那有這樣囉嗦，不過今非昔比，不得不強作標月之指，諸位同參呀！究竟指是誰？月是誰？——參。

《虛雲和尚法彙——開示》岑學呂編輯 一九五九年

參禪與念佛

念佛的人每每譭謗參禪，參禪的人每每譭謗念佛，好像是死對頭，必欲對方死而後快，這個是佛門最堪悲歎的惡現象；俗語也有說：「家和萬事興，家衰口不停。」兄弟鬩牆，那得不受人家的恥笑和輕視呀！

參禪念佛等等法門，本來都是釋迦老子親口所說；道本無二，不過以眾生的夙因和根器各各不同，為應病與藥計，便方便說了許多法門來攝化群機；後來諸大師依教分宗，亦不過按當世所趨來對機說法而已；如果就其性近者來修持，則那一門都是入道妙門，本沒有高下的分別，而且法法本來可以互通，圓融無礙的，譬如念佛到一心不亂，何嘗不是參禪？參禪參到能所雙忘，又何嘗不是念實相佛？禪者，淨中之禪，淨者，禪中之淨；禪與淨本相輔相行，奈何世人偏執，起門戶之見，自讚譭他，很像水火不相容，盡違背佛祖分宗別教的深意，且無意中犯了譭謗佛法、危害佛門的重罪，不是一件極可哀可愍的事嗎？

望我同仁，不論修持那一個法門的，都深體佛祖無諍之旨，勿再同室操戈，大家協力同心，挽救這隻浪濤洶湧中的危舟吧！

《虛雲和尚法彙——開示》岑學呂編輯一九五九年

參禪的先決條件

參禪的目的在明心見性，就是要去掉自心的污染，實見自性的面目，污染就是妄想執著，自性就是如來智慧德相。如來智慧德相，為諸佛眾生所同具，無二無別，若離了妄想執著，就證得自己的如來智慧德相，就是佛，否則就是眾生。祇為你我從無量劫來迷淪生死，染污久了，不能當下頓脫妄想，實見本性，所以要參禪，因此參禪的先決條件就是除妄想。妄想如何除法？釋迦牟尼佛說的很多，最簡單的莫如「歇即菩提」一個「歇」字；禪宗由達摩祖師傳來東土，到六祖後，禪風廣播，震爍古今，但達摩祖師和六祖開示學人最緊要的話，莫若「屏息諸緣，一念不生。」屏息諸緣就是萬緣放下，所以「萬緣放下，一念不生」這兩句話，實在是參禪的先決條件，這兩句話如果不做到，參禪不但是說沒有成功，就是入門都不可能，蓋萬緣纏繞，念念生滅，你還談得上參禪嗎？

「萬緣放下，一念不生。」是參禪的先決條件，我們既然知道了，那末如何纔能做到呢？上焉者一念永歇，直至無生，頓證菩提，毫無絡索；其次則以理除事，了知自性本來清淨，煩惱菩提、生死涅槃皆是假名，原不與我自性相干，事事物物皆是夢幻泡影，我此四大色身與山河大地，在自性中，如海中的浮漚一樣，隨起隨滅，無礙本體不應隨一切幻事的生住異滅而起欣厭取捨。通身放下，如死人一樣，自然根塵識心消落，貪瞋癡愛泯滅，所有這身子的痛癢苦樂、飢寒飽暖、榮辱生死、禍福吉凶、毀譽得喪、安危險夷，一概置之度外，這樣纔算放下。一放下，一切放下，永永放下，叫作萬緣放下；萬緣放下了，妄想自消，分別不起，執著遠離，至此一念不生，自性光明，全體顯露，至是參禪的條件具備了。再用功真參實究，明心見性纔有分。

日來常有禪人來問話，夫法本無法，一落言詮即非實義，了此一心本來是佛，直下無事，各各現成，說修說證都是魔話。達摩東來「直指人心，見性成佛」，明明白白指示，大地一切眾生都是佛；直下認得此清淨自性，隨順無染，二六時中，行住坐臥，心都無異，就是現成的佛，不須用心用力，更不要有作有為，不勞纖毫言說思惟。所以說成佛是最容易的事，最自在的事，而且操之在我，不假外求，大地一切眾生，如果不甘長劫輪轉於四生六道，永沉苦海，而願成佛，常樂我淨，諦信佛祖誠言，放下一切，善惡都莫思量，個個可以立地成佛，諸佛菩薩及歷代祖師發願度盡一切眾生，不是無憑無據，空發大願，空講大話的。

上來所說，法爾如此，且經佛祖反覆闡明，叮嚀囑咐，真語實語，並無絲毫虛誑，無奈大地一切眾生，從無量劫來迷淪生死苦海，頭出頭沒，輪轉不已，迷惑顛倒，背覺合塵，猶如精金投入糞坑，不惟不得受用，而且染污不堪。佛以大慈悲，不得已，說出八萬四千法門，俾各色各樣根器不同的眾生，用來對治貪瞋癡愛等八萬四千習氣毛病，猶如金染上了各種污垢，乃教你用鏟、用刷、用水、用布等來洗刷琢抹一樣，所以佛說的法，門門都是妙法，都可以了生死，成佛道，只有當機不當機的問題，不必強分法門的高下。流傳中國最普通的法門為宗、教、律、淨、密。這五種法門，隨各人的根性和興趣，任何一門都可以，總在一門深入，歷久不變，就可以成就。

宗門主參禪，參禪在「明心見性」，就是要參透自己的本來面目，所謂「明悟自心，澈見本性。」這個法門，自佛拈花起，至達摩祖師傳來東土以後，下手工夫，屢有變遷，在唐宋以前的禪德，多是由一言半句就悟道了，師徒間的傳授，不過以心印心，並沒有什麼實法，平日參問酬答，也不過隨方解縛，因病與藥而已；宋代以後，人們的根器陋劣了，講了做不到，譬如說「放下一切」「善惡莫思」，但總是放不下，不是思善，就是思惡，到了這個時候，祖師們不得已，採取以毒攻毒的辦法，教學人參公案，初是看話頭，甚至於要皺定一個死話頭，教你皺得緊緊，剎那不要放鬆，如老鼠啃棺材相似，皺定一處，不通不止，目的在以一念抵制萬念，這實在是不得已的辦法，如惡毒在身，非開刀療治難以生效。古人的公案多得很，後來專講看話頭，有的「看拖死屍的是誰」、有的「看父母未生以前，如何是我本來面目」晚近諸方多用「看念佛是誰」，這一話頭，其實都是一樣，都很平常，並無奇特，如果你要說看念經的是誰？看持咒的是誰？看拜佛的是誰？看吃飯的是誰？看穿衣的是誰？看走路的是誰？看睡覺的是誰？都是一個樣子，誰字下的答案就是心。話從心起，心是話之頭；念從心起，心是念之頭；萬法皆從心生，心是萬法之頭，其實話頭即是念頭，念之前頭就是心，直言之，一念未生以前就是話頭，由此你我知道，看話頭就是觀心。父母未生以前的本來面目就是心。看父母未生以前的本來面目就是觀心；性即是心，「反聞聞自性。」即是反觀觀自心，「圓照清淨覺相，」清淨覺相即是心，照即觀也，心即是佛，念佛即是觀佛，觀佛即是觀心，所以說「看話頭」，或者是說「看念佛是誰」，就是觀心，即是觀照自心清淨覺體，即是觀照自性佛。心即性，即覺，即佛，無有形相方所，了不可得，清淨本然，周徧法界，不出不入，無往無來，就是本來現成的清淨法身佛。行人都攝六根，從一念始生之處看去，照顧此一話頭，看到離念的清淨自心，再綿綿密密、恬恬淡淡，寂而照之，直下五蘊皆空，身心俱寂，了無一事，從此晝夜六時，行住坐臥如如不動，日久功深，見性成佛，苦厄度盡。昔高峯祖師云：「學者能看個話頭，如投一片瓦塊在萬丈深潭，直下落底，落七日不得開悟，當截取老僧頭去。」同參們！這是過來人的話，是真語實語，不是騙人的誑語啊！

然而為什麼現代的人看話頭的多，而悟道的人沒有幾個呢？這個由於現代的人根器不及古人，亦由學者對參禪看話頭的理路多是沒有摸清，有的人東參西訪，南奔北走，結果鬧到老，對一個話頭還沒有弄明白，不知什麼是話頭！如何才算看話頭？一生總是執著言句名相，在話尾上用心，「看念佛是誰」呀！「照顧話頭」呀！看來看去，參來參去，與話頭東西背馳，那裡會悟此本然的無為大道呢？如何到得這一切不受的王位上去呢？金屑放在眼裡，眼只有瞎，那裡會放大光明呀？可憐啊！可憐啊！好好的兒女，離家學道，志願非凡，結果空勞一場，殊可悲憫。古人云：「寧可千年不悟，不可一日錯路。」修行悟道，易亦難，難亦易，如開電燈一樣，會則彈指之間，大放光明，萬年之黑暗頓除，不會則機壞燈毀，煩惱轉增。有些參禪看話頭的人，著魔發狂，吐血罹病，無明火大，人我見深，不是很顯著的例子嗎？所以用功的人又要善於調和身心，務須心平氣和，無罣無礙，無我無人，行住坐臥妙合玄機。

參禪這一法，本來無可分別，但做起功夫來，初參有初參的難易，老參有老參的難易。初參的難處在什麼地方呢？身心不純熟，門路找不清，功夫用不上，不是心中著急，就是打盹度日，結果成為「頭年初參，二年老參，三年不參。」易的地方是什麼呢？只要具足一個信心，長永心和無心。所謂信心者，第一，信我此心本來是佛，與十方三世諸佛眾生無異，第二，信釋迦牟尼佛說的話，法法都可以了生死、成佛道；所謂長永心者，就是選定一法，終生行之，乃至來生又來生，都如此行持，參禪的總如此參去，念佛的總是如此念去，持咒的總是如此持去，學教的總是從聞思修行去，任修何種法門，總以戒為根本，果能如是做去，將來沒有不成的。溈山老人說：「若有人能行此法，三生若能不退，佛階決定可期。」又永嘉老人說：「若將妄語誑眾生，永墮拔舌塵沙劫。」所謂無心者，就是放下一切，如死人一般，終日隨眾起倒，不再起一點分別執著，成為一個無心道人。初發心人具定了這三心，若是參禪看話頭，就看「念佛是誰」，你自己默念幾聲「阿彌陀佛」，看這念佛的是誰，這一念是從何處起的，當知道這一念不是從我口中起的，也不是從我肉身起的，若是從我身或口起的，我若死了，我的身口猶在，何以不能念了呢？當知此一念是從我心起的，即從心念起處，一覷覷定，驀直看去，如貓捕鼠，全副精神集中於此，沒有二念，但要緩急適度，不可操之太急，發生病障，行住坐臥都是如此，日久功深，瓜熟蒂落，因緣時至，觸著碰著，忽然大悟，此時如人飲水，冷暖自知，直至無疑之地，如十字街頭見親爺，得大安樂。

老參的難易如何呢？所謂老參，是指親近過善知識，用功多年，經過了一番煅煉，身心純熟，理路清楚，自在用功，不感辛苦，老參上座的難處，就是在此，自在明白當中停住了，中止化城，不到寶所，能靜不能動，不能得真實受用，甚至觸境生情，取捨如故，欣厭宛然，粗細妄想依然牢固，所用功夫如冷水泡石頭不起作用，久之也就疲懈下去，終於不能得果起用。老參上座，知道了這個困難，立即提起本參話頭，抖擻精神，於百尺竿頭再行邁進，直到高高峯頂立，深深海底行，撒手縱橫去，與佛祖覿體相見，困難安在，不亦易乎？

話頭即是一心，你我此一念心，不在中間內外，亦在中間內外，如虛空的不動而徧一切處，所以話頭不要向上提，也不要向下壓，提上則引起掉舉，壓下則落於昏沉，違本心性，皆非中道。大家怕妄想，以降伏妄想為極難？我告訴諸位，不要怕妄想。亦不要費心去降伏他，你只要認得妄想，不執著他，不隨逐他，也不要排遣他，只不相續，別妄想自離；所謂「妄起即覺，覺即妄離。」若能利用妄想做工夫看此妄想從何處起，妄想無性，當體立空，即復我本無的心性，自性清淨法身佛即此現前；究實言之，真妄一體，生佛不二，生死涅槃。菩提煩惱，都是本心本性，不必分別，不必欣厭，不必取捨，此心清淨，本來是佛，不需一法，那裡有許多囉嗦——參。

《虛雲和尚法彙——開示》岑學呂編輯一九五九年

示眾禪人

自古禪德無不從參學而入；所謂參學者，即戒、定、慧是也；因戒生定，因定發慧，定慧相資，其道乃成；是以道非常道，名非常名，皆由智慧而顯機用；故智有抉擇之功，慧有曉了之義，如以禪定重修，方與如來法流水接，所以「楞嚴」云：「見性明心」。然見非是見，見猶離見，見不能及，若見吾不見之見，自然非彼不見之相。云何非汝？如此是如來觀體為人處，雖則如是，亦復要知命根在甚麼處，必須親遭毒手，攝入大冶紅爐，將三學凡流一齊抛向爐中，燒得焦頭爛額，使其說心說性，論是論非，牽長漏短，總沒有開口處；到此時節，擬議停機，劈頭便棒，設有個出格的丈夫出來道：「恁麼時如何巴鼻？」直向他道：「一鏃撩空高著眼，弓弦響處日中看。」

《虛雲和尚法彙——法語》岑學呂編輯一九五九年

參禪警語

心即是佛，佛即是覺，此一覺性，生佛五等，無有差別；空寂而了無一物，不受一法，無可修證；靈明而具足萬德，妙用恆沙，不假修證。只因眾生迷淪生死，經歷長劫，貪瞋癡愛妄想執著，染污已深，不得已而說修說證。所謂修者，古人謂為不祥之物，不得已而用焉！

此次打七，已經三個半七，還有三個半七。下三個半七，身心較為純熟，用功當比前容易，諸位不可錯過因緣，務要在下三個半七內，弄個水落石出，發明心地，纔不辜負這個難得的機緣。

這二十多天來，諸位一天到晚起早睡遲，努力用功，結果出不了四種境界：一者，路頭還有搞不清的，話頭看不上，糊糊塗塗，隨眾打盹，不是妄想紛飛，就是昏沉搖擺；二者，話頭看得上，有了點把握，但是死死握著一片敲門瓦子，念著「念佛是誰」這個話頭，成了念話頭，以為如此可以起疑情，得開悟，殊不知這是在話尾上用心，乃是生滅法，終不能到一念無生之地，暫用尚可，若執以為究竟實法，何有悟道之期？晚近禪宗之所以不出人了，多緣誤於在話尾上用心；三者，有的會看話頭，能照顧現前一念無生，或知念佛是心，即從此一念起處，驀直看到無念心相，逐漸過了寂靜，粗妄既息，得到輕安，就有了種種境界出現；有的不知身子坐在何處了，有的覺得身子輕飄飄的上騰了，有的見到可愛的人物而生歡喜心的，有的見到可怕的境界而生恐怖心的，有的起淫慾心的，種種不一，要知這都是魔，著即成病；四者，有的業障較輕的，理路明白，用功恰當，已走上了正軌的，清清爽爽，妄想若歇，身心自在，沒有什麼境界；到此地步，正好振起精神，用功向前，惟須注意枯木巖前岔路多，有的是在此昏沉而停住了，有的是得了點慧解，作詩作文，自以為足，起貢高我慢。

以上四種境界都是病，我今與你們以對治之藥。第一、如話頭未看上，妄想昏沉多的人，你還是看「念佛是誰」這個誰字，待看到妄想昏沉少，誰字不能忘了時，就看這一念起處，待一念不起時，即是無生，能看到一念無生，是名真看話頭；第二、關於執著「念佛是誰」在話尾上用心，以生滅法為是的人，也可照上述的意思，即向念起處看到一念無生去；第三、關於觀無念已得寂靜輕妄，而遇到任何境界的人，你只照顧本參話頭，一念不生，佛來佛斬，魔來魔斬，一概不理他，自然無事，不落群邪；第四、關於妄念已歇，清清爽爽，身心自在的人，應如古人所說：「萬法歸一，一歸何處」，由一向至極處邁進，直至高高山頂立，深深海底行，再撒手縱橫去。

以上所說，都是對末法時期的鈍根人說的方法，其實宗門上上一乘，本師釋迦牟尼佛在靈山會上拈花之旨，教外別傳，歷代祖師惟傳一心，直指人心，見性成佛，不落階級，不假修證，一言半句即了，無一法可得，無一法可修，當下就是，不起妄緣，即如如佛，那裡有許多閒話呢？

《虛雲和尚法彙——開示》岑學呂編輯 一九五九年

修與不修

講修行，講不修行，都是一句空話，你我透徹了自己這一段心光，當下了無其事，還說什麼修與修！試看本師釋迦牟尼佛的表顯，出家訪道，苦行六年證道，夜睹明星，歎曰：「奇哉！奇哉！大地眾生皆有如來智慧德相，祇因妄想執著，不能證得，若離妄想，則清淨智、自然智、無師智自然現前。」以後說法四十九年，而曰：「未說著一字。」自後歷代祖師一脈相承，皆認定「心佛眾生，三無差別」。「直指人心，見性成佛。」橫說豎說，或棒或喝，都是斷除學者的妄想分別，要他直下「識自本心，見自本性」。不假一點方便葛藤，說修說證，佛祖的意旨，我們也就皎然明白了。

你我現前這一念心，本來清淨，本自具足，周偏圓滿，妙用恆沙，與三世諸佛無異，但不思量善惡與麼去，就可立地成佛，坐致天下太平，如此有甚麼行可修，講修行豈不是句空話嗎？但你我現前這一念心，向外馳求，妄想執著，不能脫離，自無始以來輪轉生死，無明煩惱愈染愈厚，初不知自心是佛，即知了，亦不肯承當，作不得主，沒有壯士斷腕的勇氣，長在妄想執著中過日子；上焉者，終日作模作樣，求禪求道，不能離於有心；下焉者，貪瞋癡愛牢不可破，背道而馳，這兩種人，生死輪轉沒有已時，講不修行，豈不又是空話？

所以大丈夫直截了當，深知古往今來，事事物物都是夢幻泡影，無有自性，人法頓空，萬緣俱息，一念萬年，直至無生。旁人看他穿衣、喫飯、行住坐臥一如常人，殊不知他安坐自己清淨太平家裡，享受無盡藏寶，無心無為，自由自在，動靜如如，冷暖祇他自己知道；不惟三界六道的人天神鬼窺他不破，就是諸菩薩也奈他不何，這樣還說個甚麼修行與不修行呢！其次的人，就要發起志向，痛念生死，發慚愧心，起精進行，訪道力參，常求善知識指示途徑、勘辨邪正，「如切如磋，如琢如磨」、「江漢以濯之，秋陽以曝之」，漸臻於精純皎潔，這就不能說不修行了。

上來說的不免遷上就下，仍屬一些葛藤，明眼人看來，要認為「拖泥帶水」，然祖庭秋晚，去聖日遙，為應群機，不得已而如此囉嗦；究實論之，講修行，講不修行，確是空話，直下無事，本無一物，那容開口？菩薩呀！會嗎？

《虛雲和尚法彙——開示》岑學呂編輯 一九五九年

示某居士

涅槃心易曉，差別智難明；所以善財童子五十三參，初見文殊，領得根本智，經歷百城煙水，末後參彌勒，彈指樓閣門開，見彌勒與十方諸聖談唯心識定、差別智慧、現受用身，須知無明實性即佛性，幻化空身即法身，然法身無相，借色身而顯現；如當人一念差別，便落諸緣，諸緣不昧處，佛眼亦難窺，佛眼既不能窺，且道根本智與唯心識定又在什麼處？若向這裡見得，說什麼善財童子五十三參，大法功圓，文殊受記，總不出老僧掌握中——參。

《虛雲和尚法彙——法語》岑學呂編輯一九五九年

一般開示

七塔寺講經期齋主請上堂

釋迦如來此時此刻在柱杖頭，放光動地，宣說《大佛頂首楞嚴經》，即今諸仁者還見聞麼？若道有見有聞，未離常情；若道不見不聞，又成斷滅；且道如何出此斷常二見去。若會得此事，隨緣度日，任運逍遙，若其不然，借柱杖子通個消息。門前七塔元是楞嚴，千手觀音，全身佛頂，三聖妙相豈離密因！正恁麼時作恁麼生。若道有見，楞嚴佛頂密因是何相貌？若道無見，七塔觀音三聖俱在目前，將恁麼出得有無二見去。會得即今講經期，主伴交參，盡是修證了義，崇壽寺中，經行坐臥，無非萬行真因，方能上報不報之恩，下化不化之德。今有三寶弟子某來寺進香，遇此開經良辰，植福延齡，請法飯僧，且道慶贊一句，作恁麼道：良久云椰聲高唱三輪寂，缽色全含五觀心。

《虛雲和尚法彙——法語》岑學呂編輯一九五九年

興福寺癸卯除夕陞座法語

拈杖云　欲識佛性義，當觀時節因緣，且道即今是甚麼時節？今當臘月二十九，雖非大盡，竟是年窮歲極之時也；古人為生死交接之際，以臘月三十為喻，年盡月盡，日時俱盡。且看一年三百六十日內，曾辦什麼事來？若辦不得，未免虛度此一年。豈但虛度此一年，自無量劫來至於今日，總是唐喪過了，若不於此腳跟下作個立地，提起所參話頭，猛著精彩，年雖未過，敢保又是虛度；豈但今年！或不猛力精勤，便百千年亦只是虛度！諸仁者虛度時緣，也不管汝，但積業愈多，道力愈微，何以副出家學道之初衷哉！奉勸諸仁者，以鐵柱杖把殘年懶墮、自恣、昏沈、掉舉一劃劃斷，向明日大年初一為始，奮起精進勇猛神力，做一日便見一日功程，及早討個樹倒藤斷，庶不負出家行腳志願也！如人上山，各自努力。

復云　今夜臘月二十九，處處迎新兼送舊，惟有衲僧面前，動著便成窠臼，不如念一道真言：消遣殘年不唧溜，是大神咒，是大明咒。試聽樓上五更鐘，寒毛豎起眉頭皺，年新舊，人新舊。

《虛雲和尚法彙——法語》岑學呂編輯　一九五九年

上堂

釋迦老子在人眼裡、耳裡、鼻裡、八萬四千毛孔裡，頭出頭沒，諸人還信得及麼？古人道：「終日拈香擇火，不知身是道場。」只要信得及、見得徹，博地凡夫當時成佛，說甚麼沙彌、比丘、菩薩三聚淨戒。其或情關結鎖。智眼未明，必須精進，一一嚴持，遂舉南山宣祖道，持戒精嚴，諸天擁護，國王供養。一日，律師問天曰：「人間作何功德為最大？」天神曰：「齋僧功德為最！」師云：「佛法三寶，賴僧寶扶持，若無僧寶，佛法三寶無人流布，善根無處培植，所以齋僧功德為最大。雖然，有一人終日喫飯不咬一粒米，且道與麼人？作麼生供養？」卓杖下座。

三世諸佛，唯一大事化現世間，欲令眾生開示悟入如來藏性，出沒隱顯，若水中月，所謂欲識佛性義，當觀時節因緣。山僧托跡湘水，受業鼓山，流浪江湖，承乏昆洱，大似落花流水，逢場作戲，雖然因緣相遇，宛與鏡像何殊？古云：「修習空花萬行，建立水月道場。」所以兩種世間，以因緣建一切法，皆夢中佛事也。諸善知識若向這裡會得，正好向缽盂峯頂盤結茅篷，搬磚弄瓦，豈為份外？聽吾頌曰：「揀樑橫架虛空小，乾坤高聳柱頭長，幻遊不是嘮叨漢，只要諸人共舉揚。」今有新戒弟子設齋請法，栽培福德，且道栽培一句作麼道，良久云「撲落非他物，縱橫不是塵！」交杖下座。

「佛說一切法，為度眾生心，眾生與諸佛，何處有異同？眾生日用事，悉是佛神通，諸佛入三昧，眾生共圓通。生佛本不別，謬隨迷悟分，悟者名為佛，迷此曰眾生。且道畢竟迷，悟個甚麼還？」會麼？如其不會，聽取一頌：「知見無見莫知立，徒增真妄兩頭馳，人人有個舌在口，原來女僧是尼師。不遂幻名色空轉，石人看山豈是癡，了知冰雪即是水，佛生何曾隔一絲！」今有居士為培淨因，即今淨因作恁麼培？良久云「若能轉物，即同如來」。

《虛雲和尚法彙——法語》岑學呂編輯 一九五九年

戒期為新戒燃香開示苦行上堂

道本無為，何假修證？法性如如，如何表顯？只因逐妄，迷頭認影，枉自流轉，故世尊云：「一切眾生咸有如來智慧德相，但以妄想執著而不證得，若能一念回光，頭非外得，狂心頓歇，歇即菩提。」諸善知識！一真唯此事，何假外馳求？只要頓徹本來，果能透徹娘生鼻孔，穿衣吃飯，屙屎放尿，無非是祖師西來意。故丹霞見得這著子便掩耳，高沙彌悟此即拂袖，更不日中見鬼，天下老和尚瞞伊不著。諸子若能如是會得，還來從我乞甚麼戒法！六祖云：「心地無非自性戒，縱有施為，亦是丙丁童子求火。」良久云「不因漁父引，何得入桃源！」復拈柱杖舉釋迦佛。

《虛雲和尚法彙——法語》岑學呂編輯一九五九年

解夏自恣普說

南泉曾說：「捉得溈山水牯牛，山村上下任遨遊，自從認得曹溪路，寒暑穿梭聽自由。」諸仁者！自從安居結夏，九旬禁足，光陰似箭，日月如梭，轉瞬即過。衲子磨煉身心，刻苦意志，三業清淨，六和知敬。《遺教經》云：「譬如牧牛之人，執杖視之，不令縱逸，犯人苗稼」。南泉所謂學人牧得一頭水牯牛，隨分納些些，但吾等初機之士，心猿意馬，最難調伏。安居其內，三業失檢，六和失敬，舉心動念無非是罪者或亦有之，因迷己逐物，不自見過；又或明知故昧，言行不顧，心外馳求，不得自由自在之分，自恣仰憑大眾，互相恣諫，勿悋悔改，縱宣己罪，恣僧舉過，內彰無私隱，外顯無瑕疵，互相砥礪，補助精修，以張我佛聖制，培植良才，成就法門大器，心遊覺道，觸處皆通，即今解夏一句作麼生。良久云「一結一解尋常事，松水千山自去來。」——得個什麼？

《虛雲和尚法彙——法語》岑學呂編輯　一九五九年

普說

這段大事，不是說了便休，所以中峯國師有云：「世界闊一尺，古鏡闊一丈，還知蒲團上一個吞不下吐不出的無義味話頭也未？若向這裡一肩荷負得去，便可喚世界作古鏡，喚古鏡作世界，都無異致；如其未爾，世界與古鏡，古鏡與世界，相去不啻三千里。何以如此？蓋能所分別覿體障礙，便是生死根本。故《楞嚴經》云：『根塵同源，縛脫無二，識性虛妄，猶若空花；由塵發知，因根有相，相見無性，同於交蘆。』這裡無你動步處，無你著眼處，昔安楞嚴讀到：『知見立知，即無明本；知見無見，斯即涅槃。』雖破句讀之，其桶底子當下脫落，直得七穿八穴，洞見老瞿曇心肝五臟，只得喚古鏡作世界，喚世界作古鏡，洞徹森羅萬象，混融大地山河，洗盡見塵，攪乾情浪，無第二念，無第二人，指南作北，敲東擊西，死柴頭上心花燦爛，冷灰堆裡赤燄騰輝，安有一毫剩法與人為知解？近來佛法混濫，往往將根塵識妄認作真心，說得宛然，了無交涉。諺云：『擊石乃有火，不擊原無煙，人學始知道，不學非自然。』」

此說於做工夫上說得恰好，特為諸人重與註破。石中有火，未曾施一毫智巧之力，終日只說石中有火，說到眼光落地，依前只是一塊石頭，要覓一星點火，了不可得；此是不肯死心做工夫以求正悟，惟記相似言語，說禪說道者也。更有一等癡人，聞說石中有火，擊碎其石，欲取其火，碎抹為塵，終不能得，卻不自責，不以智巧求之，便乃不肯相信石中果有真火；此是不信自心是佛，反道佛法無靈驗之凡夫也。此說且置，何為「智巧」？首以信根為石，次以無義味話頭為擊石之手，又以堅固不退之志作固火刀，用精勤猛勇不顧危亡之力，向動靜閒忙中敲之擊之，使不間斷，加上般若種性，乾柴一握，驀箚相承，引起一星子延燎不已，直至三千世界化為燋燄，復何難哉？昔百丈令溈山撥火，溈撥之不得，丈躬撥得之，舉謂溈曰：「你道無這個？」試問諸人，還識得百丈撥火的消息麼？其或未然，聽取一偈：「十方世界火爐闊，冷灰堆裡深深撥，得一星兒血點紅，今古從來無欠缺。諸禪流，莫休歇，燎卻眉毛萬丈光，若不如是遭凍殺。」參去！

《虛雲和尚法彙——法語》岑學呂編輯一九五九年

除夕普茶示眾

諸位上座！今天又是臘月三十日了。大眾都認為是過年，常住沒有好供養，請諸位多喫杯茶。照曆書規定，一年有春夏秋冬四季，十二個月，二十四個節氣，人事上的措施，多是應著天時而來。如農人的春耕夏耘，秋收冬藏，工人的起工停工，商人的開張結賬，學校的開學放假，我們出家人的結制解制，請職退職，無一不是根據天時節令而來的。一般人認為，過年是個大關節，要把一年的事作個總結，同時要休息幾天。

你我有緣，僥倖今日同在雲門平安過年，這是佛祖菩薩的加庇，龍天的護持，亦由大家累劫栽培之所感。但我們自己平安過年，不可忘記那些痛苦不堪的人，我們不可貪圖歡樂，要格外的省慎，深自懺悔，精進修持，自利利他，廣培福慧。年老的人死在眉睫，固要猛進；年輕的人亦不可悠忽度日，須知「黃泉路上無老少，孤墳多是少年人」，總要及早努力，了脫生死，方為上計。

我們本來天天喫茶，何以今天名「喫普茶」呢？這是先輩的婆心，藉喫普茶提醒大家。

昔趙州老人道風高峻，十方學者參禮的甚眾。一日，有二僧新到，州指一僧問曰：「上座曾到此間否？」云：「不曾到。」州云：「喫茶去！」又問那一僧云：「曾到此間否？」云：「曾到。」州云：「喫茶去！」院主問曰：「不曾到教伊喫茶去且置，曾到為什麼也教伊喫茶去？」州云：「院主！」院主應：「喏！」州云：「喫茶去！」如是三人都得了利益，後來傳遍天下，都說「趙州茶」。又如此地雲門祖師，有學者來見，就舉起胡餅，學者就領會了，所以天下相傳「雲門餅」、「趙州茶」。

現在諸位正在喫茶喫餅，會了麼？如若未會，當體取喫茶的是誰，喫餅的是誰。大抵古人念念合道，步步無生，一經點醒，當下即悟；今人梵行未清，常常在動，念念生滅，覆障太厚，如何點法，他亦不化。所以諸位總要放下一切，不使凡情妄念染污自己的妙明真心。古人說：「但盡凡情，別無聖解。」你現在喫花生，若不知花生的香味，就同木石；若知花生的香味，就是凡夫；如何去此有無二途處，就是衲僧本分事。縱然超脫了這些見解，猶在鬼窟裡作活計，大家仔細，放下身心，莫隨節令轉，直下參去！

《虛雲和尚法彙——法語》岑學呂編輯 一九五九年

講演

上海居士林請普說

今承眾位居士邀請略談佛事，論到此事，老衲抱愧萬分；蓋緣自己毫無實行，雖然浮談淺說，無非古人剩語，與我本沒交涉。想我佛為一大事因緣降世，垂訓八萬四千法門，總皆對病開方，果若無病，藥何用施？倘有一病未癒，則不可不服其藥。其方在我華夏最靈驗者，莫過於宗、律、教、淨以及誦持密咒，以上數方，在此土各光耀一時，目下興盛見稱者無越江浙，於台、賢、慈恩，東西密教大展風光；諸法雖勝妙，唯於宗、律二法多不注意。嗟茲末法，究竟不是法末，實是人末！因甚人末？蓋談禪說佛者多講佛學，不肯學佛，輕視佛行，不明因果，破佛律儀，故有如此現象。大概目下之弊病，莫非由此，既然如是，你我真為生死學佛之人，不可不仔細，慎勿暴棄。法門雖多，門門都是了生死的，故《楞嚴經》云：「歸元性無二，方便有多門。」所以二十五聖各專一門，故云一門深入；若一聖貪習多門，猶恐不得圓通，故持六十二億恆河沙法王子名，不及受持一觀音名號也。

凡學佛貴真實不虛，盡除浮奢，志願堅固，莫貪神通巧妙；深信因果，懍戒如霜，力行不犯，成佛有日，別無奇特。本來心佛眾生原無差別，自心是佛，自心作佛，有何修證？今言修者，蓋因迷悟之異，情習之濃，謬成十界區分，倘能了十界即一心，便名曰佛；故不得不盡力行持，消除惑業，習病若除，自然藥不需要。古云：「但盡凡情，別無聖解」，喻水遭塵染，一經放入白礬，清水現前；故修學亦如是，情習如塵，水如自心，礬投濁水，濁水澄清，凡夫修行，故轉凡成聖也。但起行宜辨正助，或念佛為正，以餘法作助，餘法都可回向淨土。念佛貴於心口不異，念念不間，念至不念自念，寤寐恆一，如是用工，何愁不到極樂！若專參禪，此法實超諸法，如拈花微笑，遇緣明心者屈指難數，實為佛示教外之旨，非凡情之所能解。假若當下未能直下明心之人，只要力參一句話頭，莫將心待悟，空心坐忘，及貪玄妙公案神通等；掃盡知見，抱住一話頭，離心意識外，一念未生前，直下看將去，久久不退，休管悟不悟，單以這個疑情現前，自有打成一片，動靜一如的時候，觸發機緣，坐斷命根，瓜熟蒂落，始信與佛不異。溈山云：「生生若能不退，佛階決定可期」豈欺我哉！

每見時流不識宗旨，謬取邪信，以諸狂禪邪定譏謗禪宗，不識好惡，便謂禪宗如是；焉知從古至今，成佛作祖如麻似粟，獨推宗下超越餘學。若論今時，非但禪門，此外獲實益作獅吼者，猶罕見之，其餘諸法亦不無弊病。要知今日之人未能進步者，病在說食數寶，廢棄因果律儀，此通弊也。若禪者以打成一片之工夫來念佛，如斯之念佛，安有不見彌陀？如念佛人將不念自念，寤寐不異之心來參禪，如斯參禪，何愁不悟！總宜深究一門，一門如是，門門如是，果能如此用工，敢保人皆成佛，那怕業根濃厚，有甚習氣不頓脫乎？此外倘更有他術能過此者，是則非吾所能知也。每歎學道之士難增進勝益，多由偷心不歇，喜貪便宜，今日參禪，明日念佛，或持密咒，廣及多門，不審正助，刻刻轉換門庭，妄希成佛，毫無佛行，造諸魔業，共為魔眷，待至皓首無成，反為訕謗正法。古云：「欲得不招無間業，莫謗如來正法輪」。

今逢大士勝會，同心慶祝，各各須識自家觀自在，大士從聞思修，入三摩地。阿難縱強記，不免落邪思。將聞持佛佛，何不自聞聞？反聞聞自性，性成無上道！虛雲一介山野之夫，智識淺薄，因承列位厚意邀來，略敘行持損益云爾。今朝九月正十九，共念觀音塞卻口，大士修從耳門入，眼鼻身意失所守，絕所有，切忌有無處藏身，當下觀心自在否！

《虛雲和尚法彙——開示》岑學呂編輯 一九五九年

重慶慈雲寺開示

侍者惟因筆錄

今日諸位發心來歸依三寶，老衲甚為欣慰；諸位遠道過江來此，無非希望得些益處，但若想得益，自須有相當行持，如徒掛空名，無有是處，諸位須知，現既歸依即為佛子，譬如投生帝王之家，即是帝王子孫，但能敦品勵行，不被擯逐，則鳳閣鸞臺有分受用；自今以後，須照佛門遺教修持，要曉得世間萬事如幻，人之一生所作所為，實同蜂之釀蜜，蠶之作繭。吾人自一念之動，投入胞胎，既生以後，漸知分別人我，起貪瞋癡念，成年以後，漸與社會接觸，凡所圖謀，大都為一己謀利樂，為眷屬積資財，終日孳孳，一生忙碌，到了結果，一息不來，卻與自己絲毫無關，與蜂之釀蜜何殊？而一生所作所為，造了許多業障，其所結之惡果，則揮之不去，又與蠶之自縛何異？到了最後，鑊湯爐炭，自墮三途。所以大家要細想，要照佛言教，宜吃長素，否則暫先吃花素，尤不可為自己殺生；殺他之命以益自己之命，於心何忍？試觀殺雞捉殺之時，彼必飛逃喔叫，祇因我強彼弱，無力抵抗，含冤忍受，積怨於心，報復於後，以較現在武力強大之國，用其兇器毀滅弱小民族，其理正同；諸位既屬佛子，凡悖理之事，不可妄作，佛法本來沒甚稀奇，但能循心順理，思過半矣。

許多人見我年紀虛長幾旬，見面時每有探討神通之情緒，以為世外人能知過去未來，每問：戰事何日結束？世界何日太平？其實神通一層，不但天魔外道有之，即在鬼畜俱有五通，此是性中本具，不必注意；我們學佛人，當明心見性、解脫生死、發菩提心、行菩薩道；從淺言之，即諸惡莫作，眾善奉行，不但不可損人利己，更宜損己利人，果能切實去做，由戒生定，由定慧生，一切自知自見，自不枉今日歸依也。

方纔有幾位詢問《楞嚴經》意旨，茲乘大眾在此機緣，略說概要：此經原有百卷，而此土所譯祇有十卷：初四卷示見道，第五、六卷等卷示修行，第八、九卷漸次證果，最後並說陰魔妄想。阿難尊者為眾生示現詢問，而佛首明諸法所生，惟心所現，因阿難尊者見佛三十二相如紫金光聚，心生愛樂；佛問：「其將何所見？」阿難尊者白佛言：「用我心目，由目觀見如來勝相。」佛問：「心目何在？」阿難尊者白佛言：「縱觀如來青蓮華眼亦在佛面，我見觀此浮根四塵祇在我面，如是識心實居身內。」佛告：「心不在內，不在外，亦不在中間；若一切無著，亦無是處。」諸修行人不能得成無上菩提，皆由不知二種根本：一者無始生死根本，則汝今者與諸眾生用攀緣心為自性者；二者無始菩提涅槃元清淨體，則汝今者識精元明能生諸緣，緣所遺者，由諸眾生遺此本明，雖終日行而不自覺，枉入諸趣，應知諸法所生，惟心所現，一切因果世界微塵因心成體，而一切眾生不成菩薩，皆由客塵煩惱所誤。色、聲、香、味、觸、法為六塵，眼、耳、鼻、舌、身、意為六根，是為十二處；加眼識、耳識、鼻識、舌識、身識、意識六識為十八界；另地、水、火、風為四大，再加空大、見大、識大為七大，合為二十五數；由二十五位賢聖分別自陳宿因，入道途徑。至於六道輪迴，婬為其本；三界流轉，愛為之基；阿難尊者為眾生示現歷劫修行，幾難免摩登伽之難，所以示罪障之中，婬為首要，因婬損體，遂殺生補養，而盜妄等惡亦隨之而生，阿難見了如來三十二相如紫金光聚，對麻摩登伽之美色而不愛樂，男子見了女子，或可觀想自己亦作女子，女子見了男子，或可觀想自己亦作男子，以杜妄想。自己終日思想，確可轉移心境；譬如我從前幼時在家垂辮髮，衣俗衣，終日所觸所想無非俗事，晚上做夢，無非姻親眷屬種種俗事，後來出家，所作所思不出佛事，晚上做夢亦不外念佛等寺。至蔥、蒜五辛，不可進食，為免助長慾念，所謂除其助因，修其正性，更加精勤增進，自能漸次成就。更須自己勤奮，不可依賴他人；阿難尊者以王子佛弟，捨其富貴，出家從佛，希望佛一援手即得超登果位，詎知仍須自己悟修，不能假借。不過吾人如能發心勤修勿怠，則由十信、十住、十行、十迴向以至十地，亦自得步步進益，以達等覺、妙覺，而三界、七趣無非幻妄所現，原本不出一心，即一切諸佛之妙明覺性亦不出一心，是以心、佛、眾生三無差別，香嚴童子可說即是我鼻，憍梵菩薩可說即是我舌。二十五位聖賢因地雖有不同，修悟並無優劣；不過現在時機發心初學，似以第二十四之大勢至菩薩及第二十五之觀世音菩薩二種用功方法或更相宜。觀世音菩薩於阿彌陀佛退位時補佛位，而大勢至菩薩則候觀世音菩薩退位時補佛位，大勢至菩薩以念佛圓通，吾人學習應念阿彌陀佛，都攝六根，淨念相繼，得三摩地；因十方如來憐念眾生如母憶子，若子逃逝，雖憶何為？子若憶母，如母憶時，母子歷生不相違遠；若眾生心憶佛、念佛，現前當來必定見佛。至於觀世音菩薩，則從聞思修入三摩地，上合十方諸佛同一慈力，下合六道眾生同一悲仰，若遇男子樂持五戒，則於彼前現男子身而為說法，令其成就；若有女子五戒自居，則於彼前現女子身而為說法，令其成就，如是或現天人，或現聲聞、緣覺以至佛身，所謂三十二應，以及十四無畏、四不思議，經無量劫，度無量眾生，眾生無盡，悲願無盡，諸位善體斯意可也。

現在與大眾隨便閒談，開示二字愧不敢當，因為虛雲連自己都未明白，豈敢謬教他人！佛教開示場合很多，如叢林坐香，班首輪流開示，觀音七、念佛七等亦復如是；但拜懺不同打七，禮懺須五體投地，三業清淨，不能加以雜言亂語，故懺壇上不說開示，禮懺時須觀著「能禮所禮性空寂，感應道交難思議，我今頂禮觀音前，感應道交自實現。」以能禮之心，禮所禮之佛，諦觀能禮之心，現在、未來、過去三世了不可得，一切空寂，則如來藏本有體性，自然發露，故《金剛經》云：「若以色見我，以音聲求我，是人行邪道，不能見如來。」「若見諸相非相，即見如來。」都是雙遮雙照的意思，空非空，色非色，即真空真色。我們大家都是佛子，處此水深火熱之中，不逢治世，所遇的不是炸彈就是飛機，真屬不幸，但不幸中還是幸福，何也？佛子的本來勾當，所謂「一缽千家飯，孤身萬里遊」，可是現在亦有些行不通了，我們此時祇好放下一切，檢點身心，以身為苦本，心為罪源，若不及今力自修持，更待何時？一失人身，萬劫不復，放下妄想，心本如如，不從外得，能精勤修持，可患生死不了？所以儒家亦云：「自天子以至於庶人，一是皆以修身為本。」現在人心不古，不知政教之關係，於政以治身，教以治心的意義完全不懂；最近達識之士，多知目前大劫，非政教合一不足以救苦息災，如此次政府元首及各院部當局發心啟建護國息災大悲道場即此意也。從前法會是常造的，甚麼十輪金剛法會等等，我也記不得許多，可是用心各有不同，如西藏喇嘛在中原弘法者，近來甚多，而政府特別加以崇敬，其意甚遠，是否政府特別信仰，不得而知，惟對於中原青衣僧徒，則時加種種壓迫，毀廟逐僧，不一而足。本來青黃二教均佛弟子，後人以居華東者，在日本為東密；居華西者，在西藏為藏密；近年密教在中國風行一時，以為特長處能發種種神通變化，可是閒時不燒香，急時抱佛腳是不成的。虛雲化食人間，中外地方差不多都到過，我是凡夫，沒有神通，不會變化，所以不敢吃肉，亦不敢過分用度，一般不明佛法者，未忘名利，求通求變，存此妄想，非邪即魔，須知佛法是在自己心內，不可心外取法，神通屬用功之過程，豈可立心希求！有此用心，豈能契無住真理！此類人們，佛謂之可憐憫者，現在幾位大心菩薩，發願為國息災，修大悲懺法，邀虛雲來此主持，我們大家要精誠一致，當自己事來做，護國息災功德，此是人人應當做的，我們拜懺，稱揚聖號，最靈感的觀音，於此土最有緣，但心若不誠，亦不能感應，如誠心稱名，觀音無不尋聲救苦，《楞嚴經》二十五聖，惟〈觀音菩薩妙證圓通〉文云：「彼佛教我從聞思修，入三摩地，初於聞中入流忘所，所入既寂，動靜二相了然不生。」一者十方諸佛同一慈力，二者十方眾生同一悲仰，觀音有大無畏、三十二應，列為第一。又云：「此方真教體，清淨在音聞。」一念六十二億恆沙法王子聖號，與念觀音一聲相等，這部大悲懺，是四明法智大師所修，其悲願不可思議，其感應力亦不可思議，載籍甚詳，不可忽也；朝於斯，夕於斯，五體投地，三業清淨，能斷殺、盜、婬、貪、瞋、癡，變十惡為十善，便符懺法妙理，並須發四大宏願，將他人香花莊嚴自己福慧，何樂而不為？說是假，行是真，今天將佛法大概說一說，彼既丈夫我亦然，自尊自貴，自然感應。最後講一段故事你們聽聽：清代康熙帝時，元通和尚主持西域寺，一日有黃衣僧來，帝甚崇之，命師招待，師云：「彼非僧亦非人，是一青蛙精，但神通廣大。」時適久旱，帝乃命其求雨，雨果降，帝敬之愈甚，元通和尚曰：「可將雨水取來，是青蛙尿耳。」試之果然，邪正乃分。故《楞嚴經》五十種陰魔，均須識取，不然被其所轉，走入魔道了，請大眾留心。

菩薩們，這個法會，虛雲太不知自量，不知各位上殿過堂，還要應酬佛事，辛苦萬分，晚上還要請各位念佛、聽開示，豈不是打閒岔嗎？內中有點說不出的意思。所謂諸佛菩薩難滿眾生願，因為有許多居士在法會中想聽開示，但昨天我也說過，拜懺與打七不同，沒有講開示的必要，他們發心也很難得，我現在不是虛雲，變成虛名了，說不出來的話，我已曾同當家師說過，這次法會，討各位受辛苦些，當自己事做，如他方打淨七，天天無休息時間。這邊常住，田無一塊，瓦無一片，不應酬佛事不成功，應酬佛事，不能打七用功了。但佛事很忙，天黑大殿還要放燄口，所以在此時講一講，以便居士們過河回家。但拜懺四十九人不能停聲，換人亦不停聲，常住最忙，這二十四人不可下壇。所謂開示者，開即開啟，示即表示，講為人之善惡，開顯本來面目，但這面孔無大小方圓、聖凡男女等色相，凡所有相，皆是虛妄故也；視諸相非相，即見如來，但盡凡情，別無聖解，學道的人須真實，不可掛羊頭賣狗肉，但向己求，莫從他覓，但有言說，都無實義。說是假，行是真，充一人而多人，一家而一國，而多國，輾轉變化，全世界不治而化矣！學佛不論修何法門等，總以持戒為本，如不持戒，縱有多智，皆為魔事，楞嚴二十五門，各證圓滿，故云：「方便有多門，歸源無二路。」自己擇一門為正行，餘者為助行，須福慧雙修，單福則屬人天有漏，單慧則為狂徒。修行不斷殺心，臨終非作土地即城隍；我看見很多的人吃素半世，學密宗即吃肉，實可悲痛，完全與慈悲心違背，孟子都說：「聞其聲不忍食其肉」，何況為佛弟子也？取他性命，悅我心意，貪一時之口福，造無邊之罪惡，何取何捨？何輕何重？每見出家釋子吃肉的也不少，我的嘴不好，叫我講我就無話不說，望大家共勉之。

《虛雲和尚法彙——開示》岑學呂編輯 一九五九年

貴陽黔明寺開示

虛雲這次奉政府首長，及諸位大居士邀請，赴渝主持護國息災大悲法會，路過此地，因時間所限，不能到各常住去拜訪問訊，諸請原諒。現在因修理汽車機件，來與各位談談，各位都是老參上座，對於佛法已有相當研究，用不著我來饒舌，可是你們一定要我來說，又不得不說幾句。現在世界相爭相殺，人民生活同在水深火熱之中，所謂「民不聊生」，此地幸有廣妙和尚弘揚佛法，普度眾生，虛雲此次得與各位相會一堂，因緣非偶，但虛雲不過比各位空長幾歲，其他自問無足取。

民國創立，信教自由，政府本著國父遺教，迭經明令頒布，試觀異教如天主、耶穌、回教均在政府保護下，何以我國遍處毀廟逐僧的事，有冤無處訴？此點大家想想，他們毀廟逐僧固然不對，但物必自腐而後蟲生，現在佛門弟子多將自己責任放棄，不知道既為佛子，當行佛事，佛事者何？即戒定慧，是佛子必須條件，若能認真修持，自然會感化這班惡魔，轉為佛門護法。現在是和尚犯法，累到諸佛遭殃，霸廟宇、逐僧走，他們不知道和尚不好與廟宇何干，如黨員不好與全黨無干一樣。如謂和尚不好便要毀及廟宇，那麼黨員不好豈不是要拆毀黨部？

此種道理，我們希望眾人明白，我們大家總要各出一隻手，扶起破砂盆，不要說貴州人顧貴州佛法，須知佛教是整個的，人不分冤親，地不分疆界，方為真正大同主義，還要知道自己生死大事更為要緊；從聞思修，入三摩地，各人自己前進，切勿空過此生罷！

《虛雲和尚法彙——開示》岑學呂編輯 一九五九年

廣州中山會館開示

李纘錚記

此次省會四眾暨各大護法，促請虛雲來省弘揚佛法，虛雲知識淺薄，愧不敢當，經與諸代表訂明三點：第一敬辭歡迎，第二敬謝請齋，第三不能久留，均由諸代表承諾，虛雲始敢下山。到達後，蒙各界諸多優待，六榕寺地方窄狹，光臨者每不及應接，於是大家請虛雲到此講幾句話，有人以為虛雲是什麼了不得的人，其實我是一個老朽木偶，無用無能，無話可說。現在各界擬發起追悼陣亡將士暨死難同胞水陸法會，我今日且講水陸道場之緣起。何謂水陸？水者，江海湖沼；陸者，高低丘陵；水、陸包含虛空，凡有色相，均不能離此三者；我佛如來發大慈悲賑濟有情，故有此法門，此法門緣佛在靈山會上說法時，阿難尊者在林間習定，見一鬼王求佛普渡，釋迦牟尼佛因說水陸之法，此鬼王乃觀世音菩薩化身，憐諸眾苦，設法超度，使幽冥地獄眾生均能超生極樂。中國則始於梁武帝，梁武帝請誌公和尚初起水陸大齋，發菩提心，制定水陸儀軌，極為真誠，利益昭著，蠟燭熄後，梁武帝一禮，燈燭盡明，再禮宮殿震動，三禮空中雨花，水陸之功德有如此者；唐朝法海寺英公禪師啟建水陸，超度秦莊襄王、范睢、穰侯、白起、王龍羽、張儀、軫昧等沉淪千餘年，均藉此超昇，幽魂超昇天界；宋蘇東坡居士、明蓮池大師等歷代聖賢，均加補充，儀軌益臻完備，萬法由心所造，大家有誠心，必有感應；虛雲承各大護法虔邀主法，當勉為其難。

抗戰以來之陣亡將士，以身殉國，忠魂無依，崇德報功，自須超薦；其次不屈義民，流離道路，家破人亡，不降於敵，仍是為國，無主孤魂，罔有得所，再有炸彈、疫病、覆車、墮水一應枉死等眾，均須一體普渡，以慰幽魂，死者得安，生民獲益，所謂普利冥陽是也，此即因果循環之理；挽回人心之道，不外諸惡莫作，眾善奉行，世間種種苦楚，無非種下惡因，如果昧盡良心，喪失孝悌忠信、禮義廉恥而妄作妄為，則歹人牽累好人，世界仍有禍亂。值茲國土重光之際，亟應興利除弊，改惡從善，以免再受敵人欺凌，如果不顧大局，再起內亂，人民不知死於何地？在此時期，凡屬有良心者，應當覺悟團結，解除劫運；溯思過去中國戰爭，肇自黃帝大戰蚩尤，以後戰爭不止，一部二十四史，有人說是相斫書，如要永久和平，大家應當發大慈大悲的菩提心。菩提是梵語，意思是覺，覺者，心地光明也；諸佛與眾生之差，只是覺與不覺而已，覺悟世間一切諸法緣生如幻，當體定實法不為所染，謂之聖賢；不覺則無明，無明起則事理為之糊塗，各人就自心的緣起，生十法界，十法界皆是一心所造，何為十法界？即四聖、六凡是也。四聖者聲聞、緣覺、菩薩、佛，謂之四聖，超出三界，不受輪迴；四聖之分別，在發心之高下，最上者為佛，次菩薩，再次緣覺，又次聲聞。其餘天道、人道、修羅、畜生、餓鬼、地獄六法界為六凡，均在苦海之中；天道為二十八層諸天，享盡福報，仍須輪回；人道由帝王將相以至農工士庶，受盡生老病死之苦；阿修羅道有天之福，無天之德，終歸覆滅；畜生道亦有高下苦樂，由龍、鳳、獅子、麒麟，以至溼生、化生之蟲蟻；鬼道苦樂不同，閻王、城隍均為鬼王，以至一切無主孤魂千百年不能超脫者，最苦為餓鬼；地獄道有苦無樂，名目繁多而最苦。十法界不出一心，覺與不覺之所由作也；我佛大慈大悲，說法令大眾發菩提心，菩提心參差不同，大者成佛，中者成菩薩，小者成緣覺、聲聞；諸天亦有發菩提心者，依其大小深淺，成就不同，我們是在人道，應大發菩提心，救渡眾生，代眾生受苦，願去苦超昇，人人如此，人間自然無苦。

有人問我神通變化，世界何時太平？國運好不好？其實我是凡夫，一無所知，所謂老朽，朽木不可雕也，不過比各位多吃幾年飯，癡長幾年，多聽了幾句古人語，多看幾本經書，知道為人之苦，故講這些話，各人不必問國家能否平靜，只問自己心地！無論朝暮，不分官民男女，如何實行孝悌忠信、克己互勵、不昧良心、忠於國家、教養兒女、和順夫妻、禮睦鄉黨、與朋友交而有信，人人如此，世間自然太平；否則知過不改，苦楚必在後頭，旨從前更不得了。不管人心如何複雜，我自己守住本份，不妄為干求；即以敵侵我作比，自前清道咸以來，外人進來，不全是要土地，最大目的為通商，通商是為財為利，如果我們守本分，抱著君子居無求安，食無求飽，憂道不憂貧，不貪享樂境界，幾千年均過得，現在如何過不得？如果大家一條心，守本分，用土貨，外人無利可圖，自然不生侵凌之想，金錢不外流，自然民富國強，不必一定要飛機炸彈。目前人慾橫流，大家巇視舊道德，有心人引為隱憂，恐無法教誨後人，不免刀兵之劫，我們要不為世風所轉，明因果、知報應，知道種惡因得惡果，提倡道德，所謂積善之家必有餘慶，自然龍天擁護，子孫昌盛，個人安分守己，國家也得太平。虛雲知識淺薄，今天只能將大齋勝會緣起略述梗概，辛苦各位。

《虛雲和尚法彙——開示》岑學呂編輯 一九五九年

香港東蓮覺苑開示

「機緣難得，開示有愧。」各位善知識！本人此次來廣州之因緣，是張發奎將軍及羅卓英主席，為超薦大戰及內戰之陣亡將士殉難同胞，故本人來廣州作一水陸法會，承香港佛教同人之約，本人亦欲與港地之護法舊弟子相見，故來港一行，今日得與諸位共處一堂，機緣頗為難得；若說到開示法要，本人感到十分慚愧，原因一為言語不通，彼此隔閡；二為自己尚不能開示自己，何敢開示他人；故祇能說與諸位隨便談談。

「佛法常聞，港人之福。」吾輩佛教徒當知佛法難聞，但港方常有各大法師在各佛教場所講解經論，是誠不可謂非香港人之福！講經法師多，明教理者亦多，重要是教人不可著於外相，如經云：「凡所有相，皆是虛妄。」又云：「大地眾生，皆有如來智慧德相。」眾生具有如來智慧德相而不能成佛，全由塵勞煩惱之所迷惑，佛陀福德智慧圓滿，是不迷常住真心，常即不變，住即不動，真即不假，此不變、不動、不假，能覺悟了知一切法者，名常住真心。「起惑作業，無量痛苦。」眾生因迷住真心故，起惑作業，紛紛擾擾，此紛擾中即有無量痛苦在，如《大乘起信論》云：「無明不覺生三細，境界為緣長六粗。」粗即可見諸事實之粗相，目前世間之現象是貪瞋癡及殺盜婬種種惡業充滿，由此惡業引起流轉受報，致有眾生相續，世間相續（輪迴）。推此輪迴之因，為心對外境迷執（無明）而起，如能覺悟，返妄歸真，即能息除流轉輪迴之苦。

何以有貪瞋癡即能起殺盜婬種種惡業？「人各淨心，世安民樂。」如一家庭父母養有子女數人，父母對之必加愛護，有愛即有貪，貪其所愛者，常得快樂及美好之享受，如貪求而不得，則瞋心隨起，瞋心熾盛，則起爭鬥，小者則家與家爭，大者則國與國爭，戰事爆發矣；故欲世界安寧，人民和樂，必須各淨其心。貪瞋癡猶若人之心病，欲使去除此心病，必須良醫開示妙藥，佛即一切眾生心病的良醫，一切佛法是妙藥之單方，眾生心病有多種，故治心病之法門亦多。

佛學必須注意實行。如能信醫服藥，自必藥到病除，但信醫之藥方而不依方服藥，故雖有良醫妙藥，以不服故，病亦依然。故學佛而欲修淨自心者，必須注重於實行。復有不得不注意者，佛為治各種不同心病，故設有多種法門，如治瞋心重者教修慈悲觀，治散亂心重者教修止觀，治業障重者教修念佛觀；一切如來三藏十二部經典皆不可思議，不得於此中有所偏輕偏重。

「不離本宗，專心信賴。」祇能選擇何法門與本人最相應，即以此一法為正，餘法為副，專門修學，行住坐臥不離本宗，如念佛則隨時隨地不忘念佛，試觀經中有：「受持六十二億恆河沙菩薩名號，與一心稱念觀世音菩薩名號，其功德正等無異。」皆為勉勵眾生專心信賴所宗，作如是說。設學佛者無有主宰，不專心修學，結果必一無所得。

「努力破除一切妄想。」又修學者必須依佛戒，戒為無上菩提本，如依佛戒，則不論參禪、念佛、講經，無一不是佛法，若離佛戒，縱參禪、念佛、講經，亦與佛法相違，入於外道。學佛修行，本非向外尋求目的，祇為除去自己業障，使不致流轉生死，若了生死，無須行持，故經云：「佛說一切法，對治一切心，若無一切心，即無一切法。」此心即指妄想，其經中意，如無病即不須藥。又學佛者最要具足自信心，《梵網經》云：「我是已成佛，汝是當成佛，常作如是信，戒品已具足。」意謂人人如能自信具有佛性，當來成佛，必努力解除一切客塵妄想。

「有如演戲，人生若夢。」自信自身本來是佛故，一切煩惱、一切相、一切障，皆是顛倒妄想，故修行者切不可執著，應當放下，所謂萬法皆空，一無所得；《金剛經》云：「一切有為法，如夢幻泡影，如露亦如電，應作如是觀。」何以一切世間有為法是如幻無實？此以喻明之，猶如演劇，臺上鼓樂奏時，戲子則扮演男女老少種種角色，演出喜怒哀樂等情節，臺上之天子威風凜凜，乃至臺後問之，則彼必答曰：「戲也！」臺上之殺人兇犯，驚怖憂愁，及至臺後問之，彼亦曰：「戲也！」

「設能覺了，何有苦樂！」演戲時情節逼真，下臺後則一無所得，眾生亦復如是，煩惱未了時，榮華富貴、喜怒哀樂，般般出現。人人本來是佛，猶如戲子本身；煩惱流轉時，猶如扮演劇中人；設能覺了世間原是劇場，則處天堂亦不為樂，在地獄亦不為苦，男本非男，女本非女，本來清淨，佛性一如，世人不覺，常在夢中分別是我是他、是親是怨，迷惑不息；其有出家者，雖離親戚眷屬，但又分別此是我居之寺院，是師、是徒、是同窗、是法友，亦屬執迷。

「返妄歸真，自利利他。」故在家者被俗情迷，出家者亦有法友法眷之迷，皆未得真覺，如能脫離一切迷惑，返妄歸真，方可成佛；故六祖大師聽人念《金剛經》至「應無所住而生其心」之處，頓然有所覺悟。此八字如從言語上解，當不可得，必須心內領會，佛教真理，雖不可以言說論表，但若全廢言說，則又有所不能，理必依文字方能引見義故。今之學佛者，應研習一切教理，而以行持為根本，宣揚佛法，使佛法燈燈相續。

「將此身心奉塵剎，是則名為報佛恩。」希望一切學佛者，皆以此二語，以為自利利他之標準可也。

《虛雲和尚法彙——開示》岑學呂編輯 一九五九年

澳門平安戲院開示歸戒

弟子寬榮譯語並記

今蒙佛教同寅相邀，假座平安戲院與諸仁者說法。

「法」者即眾生心，眾生心與佛心本無二心，是心具足一切法，即法即心，即心即法，如「起信論」云：「所言法者即眾生心，具足世間、出世間一切諸法。」所謂「世間法」者，即天、人、修羅、畜生、餓鬼、地獄，一切有情無情，依正因果等法，又名六凡法界；「出世間法」者，即聲聞、緣覺、菩薩、佛法是也，又名四聖法界；斯則四聖六凡，合名為十法界法也。此十法界法，不出一心之所造成，若隨顛倒迷染之緣，則有六凡法界生；若隨不顛倒悟淨之緣，則有四聖法界生；由是觀之，聖之與凡，唯心之垢淨而現。六凡心垢故，則現六道善惡罪福等相；四聖心淨故，則現威德自在光明赫奕，慈容德相；故經云：「菩薩清涼月，常遊畢竟空，眾生心垢淨，菩提影現中。」是故苦樂由心，炎涼自我，自心作業，自身受報；唯聖與凡但問自心可矣。凡愚昏闇，未了唯心自造之旨，妄起疑惑，若遇逆境則怨天尤人，遇順境則驕矜自恃；或有終身作善而得惡報，作惡而得善報，則謗無因果，那知因果理微，如種果子，先熟先脫，假我今生雖作善業反招惡報者，皆由過去惡業熟故，今生雖善，而過去之惡業已熟，不得不先受惡報，以今生善業未熟故，不得現受善報；信此理者，必無疑惑。然無始障深，久在迷途，備受辛酸，脫苦無由，當如之何？《楞嚴經》云：「一切眾生生死相續，皆由不知常住真心，性淨明體，此想不真，故有輪轉。」夫欲不受輪轉者，當淨諸妄想，妄想淨則輪迴自息，故迷心名為眾生，覺心名為諸佛，佛與眾生，一迷一悟而已。當如此靈明覺知之心即天然佛性，人人本具，個個現成；凡夫雖具佛性，如礦中真金為煩惱沙石之所包含，故大用不彰；如來歷劫修行，已淘去惑業沙石，如出礦精金，其金一純，更不重雜沙石，大用全彰，故稱為出障圓明大覺世尊。

現在我等既欲成佛，先當審觀因地發心，除去煩惱根本，煩惱苦滅，佛性圓彰；若因地修行不真，則果招邪外之曲，若論修行之方，機有上中下之異，法亦有三乘，人天法門不同，若為上機者，則為說大乘微妙法門；為中機者，為說出世解脫法門；為下機者，則為說解脫地獄、餓鬼、畜生三塗之苦。佛雖說種種法門，無論大小乘戒，皆以三歸五戒為根本，務使受持者，諸惡莫作，眾善奉行，依之立身齊家治國，則人道主義盡；且苦因既息，苦果自滅，解脫三塗苦，生人天中，易入佛乘，則學佛主義亦盡；故三歸五戒是導世之良津，拔苦與樂之妙法，茲先釋三歸，次明五戒。

所謂三歸依者，第一、歸依佛，第二、歸依法，第三、歸依僧。何以先當歸依佛？佛為大覺世尊，究竟常樂，永離苦惱，導諸眾生出迷籠、就覺道；佛為教化主，故先當歸依佛。次當歸依法者，是我佛法門，三世諸佛皆依之修行而成就無量清淨功德，今日既欲返本還源，淨除心垢，捨佛法無由，故次當歸依法。三當歸依僧者，以佛法不自弘，須假人弘，人能弘法，方使從聞思修，證果成佛，況佛法無人說，雖智莫能了，難了之法，既藉僧得聞，此恩莫極，故當歸依僧。又名歸依三寶，三寶之義，分別有三：一者一體，二者別相，三者住持三寶。

一、一體三寶者，即一心自體，法爾具足佛、法、僧三寶故。梵語佛陀，此云覺者，當人一念靈明覺了之心，即自性一體佛寶；法者軌持義，這個心性能軌持世、出世間一切諸法，即自性一體法寶；梵語僧伽耶，此云和合眾，即此覺心能持一切法，即心即法，法法唯是一心，即法即心，心法不二，事理和合，即自性一體僧寶；如是一心具足佛、法、僧三寶，三寶唯是一心，是名一體三寶。眾生迷此，向外馳求，流轉生死；諸佛悟此，即證菩提；釋一體三寶竟。

二、別相三寶者，佛、法、僧三寶名相各別故。梵語佛陀耶，此云覺者，覺徹心源，究盡實相，是名自覺，將自證法門覺悟一切眾生，是名覺他，自覺已圓，覺他亦竟，是名覺滿，三覺已圓，萬德俱備，究竟成佛，初菩提樹下成道，示丈六金身，於華嚴會上現盧舍那尊特之身，是為別相佛寶；如來隨機設教，五時所說權實諸經，三藏十二部所詮教、理、行、證、因、果、智、斷各有不同，是名別相法寶；稟教修行，從行契證，聲聞、緣覺、菩薩三乘階次各各不同，是名別相僧寶；釋別相三寶竟。

三、住持三寶者，佛滅度後，無論泥塑木雕、五金鑄作、紙畫布繪諸佛形象，留世福田，恭敬如佛，功德難思，住持不絕，是名住持佛寶；無論黃卷貝葉，所詮三藏十二部大小乘經，使見聞者依之修行，皆離苦得樂乃至成佛，化化不絕，是名住持法寶；剃髮染衣，弘宗演教，化度眾生，紹隆佛種，是名住持僧寶；釋住持三寶竟。而住持、別相、一體悉稱寶者，不為世法之所侵凌故，不為煩惱之所染污故。世間七珍雖稱為寶，享樂一時，畢竟成空，只能養生，不能脫死；若論三寶，則能息無邊生死，遠離一切大怖畏故，永享常樂，今言歸依三寶者，不特歸依住持三寶、別相三寶，亦復歸依一體自性三寶；落於言說，雖名三種三寶，其實唯是一心，更無別法。舉凡一切事物，莫不由心，心攝一切，如如意珠，無不具足，所以教中但云「自歸依佛，自歸依法，自歸依僧」等，終不云歸依於他。六祖云：「自性不歸，無所歸處。」夫「歸」者，是還原義，眾生六根從一心起，既背本源馳散六塵，今舉命根總攝六情，還歸一心之源，故曰歸命，故歸依亦即歸命義；「依」者，是依正義，以諸眾生一向隨諸色聲逐念流轉，苦海漂沉，無依無止，不知何處是歸寧之地，今歸依三寶，則身有所歸，心有所依，從是以後，以三寶為師，三界迷途從此可出，發菩提心，佛果可期；釋歸依三寶義竟。

既說三歸，次明五戒。歸依三寶已，當依法修行，方脫三界苦，若不依法修行，則無由脫黏去縛。欲脫生死黏，去煩惱縛，非五戒不為功，故云「五戒不持，人天絕路」。夫「戒」者，生善滅惡之基，道德之本，超凡入聖之工具，以從戒生定，從定發慧，因戒、定、慧，方由菩提路而成正覺，故纔登戒品，便成佛可期；故曰「戒為無上菩提本」也。我佛世尊開方便門，初唱三歸，次申五戒，如是乃至大小乘戒等，良由眾機心行非一，且由淺以至深，從微而及顯，究竟歸元，本無二三。

五戒者，一殺戒，二盜戒，三婬戒，四妄語戒，五飲酒戒。此五戒名曰學處，又名學跡，是在家男女所應學，故又名路徑；若有遊此，便昇大智慧殿，故一切律儀妙行善法皆由此路，故又名學本，諸所應學，此為本故；又名五大施，謂以攝取無量眾生故，成就無量功德故。而斯五戒，在天謂之五星，在山謂之五嶽，在人謂之五臟，在儒謂之五常，以仁者不殺害，義者不盜取，禮者不邪婬，智者不飲酒，信者不妄語；五戒若全，則不求仁而仁著，不欣義而義敷，不祈禮而禮立，不行智而智明，不慕信而信揚，所謂振綱提網，復何功以加之？總論五戒已竟。

若別釋五戒義者，第一殺戒，所謂惻隱之心人皆有之，孟子云：「聞其聲不忍食其肉」，況學佛之人，豈肯萌其殺念而招苦果？是故佛制弟子若欲行仁，首持殺戒，殺戒若持，輪迴自息。殺業之始，無非以強凌弱，或貪圖口腹，或因財害命，故有人殺人，畜殺畜等，都屬於瞋殺慢殺；若貪口腹而殺者，是屬癡殺；然將他肉以補己身，豈君子之所忍為哉？豈知殺機若萌，仇對自起，故《楞嚴經》云：「以人食羊，羊死為人，人死為羊，如是乃至十生之類，生生相生，互來相噉，惡業俱生，窮未來際，是等則以盜貪為本。」故有劫數難逃之報，豈獨殺人當償命，殺畜亦復然。如佛世時之琉璃王誅釋種，釋迦佛種族當為璃王所誅時，釋尊尚頭痛難忍者，果從何因耶？以琉璃王昔為大魚，釋迦種族是食魚肉者，釋尊昔為小童，曾以棍子敲魚頭三下，今故感頭痛，釋種是噉魚肉者，故為琉璃王之所誅滅；如是觀之，因果相酬，可驚可怖，故《楞嚴經》云：「則諸世間胎卵溼化，隨力強弱，遞相吞食，是等則以殺食為本。」

是故佛慈豈但及於人類，而慈及蟻子！佛法平等無高下故，佛眼觀之，大地眾生皆能成佛。又《梵網經》云：「一切男子是我父，一切女人是我母，我生生無不從之受生，故六道眾生皆是我父母，而殺而食者即殺我父母。」世間無知，互相吞噉，故如來制不得傷害生命，且蠢動含靈，皆有佛性，昆蟲之屬尚不得害，況同類相殘？一切眾生既皆有佛性，未來必定成佛，既是過去父母，亦為未來諸佛，豈敢傷之？凡愚俗子但求自利，不顧人道之傷殘，如孟子云：「矢人惟恐不傷人」。但求鬥爭之勝利，故有水陸空中之殺具，人心日形險惡，世道愈入漩渦，相殺相誅，何時得了？若不圖挽救，竟成苦海，凡關世道人心者，莫不疾首痛心，力求和平，挽救人心，使歸正軌，重仁慈不重武力，勿貪口腹、見利忘義，則殺心不起，殺機若息，劫運潛消矣。奈何人心不古，置因果於罔聞，那知因果理微，如影隨形，即響應聲，若深信之者，人心則不改而善，縱遇順逆之境，必無憂喜。當知現生所受，或遇刀兵、水火、劫賊等事，皆由自造，如大戰時，徧世不寧，惟澳地僑居得免諸難，皆由宿昔無深重殺業；或有遇難者，是其個人別業所感。當知因果理微，不可思議，若信此理，殺心自息，舉世若能持此殺戒，則一切殺具皆歸無用矣。如來制此殺戒為首，無非欲令人人慈仁愍物，拔自他苦，同證常樂而已矣！殺戒之義略釋已竟。

二、明盜戒者，謂盜從貪起，佛制弟子於一針一草之微，他人不與，我不敢取，何況竊盜！但是眾生唯見現利，種種計求，不告而取，如是乃至以利求利，惡求多求，無厭無足，皆為貪盜所攝，盜之細相如此，大而十方僧物，現前僧物，乃至佛法僧物，混亂互用，雖針草之微，或自用或與人，皆盜中之至重，花首大士云：「五逆十重，我皆能救，盜十方僧物，我不能救。」乃至父母師長物，不與而取，尚犯重罪，況其他焉？若能深信因果，絲毫莫犯，則此戒不持而自持，大可以道不拾遺，夜不閉門，舉世皆成義讓之人，更何須監守牢獄哉？釋盜戒已竟。

三、明婬戒者，在家出家弟子，皆當嚴守此戒，在家五戒，雖正式夫婦非屬邪婬，然他人婦女，他所守護，言語嘲調，尚屬不可，況可侵凌貞潔，污淨梵行者乎？佛制在家弟子禁於邪婬，出家弟子邪正俱禁。《楞嚴經》云：「汝愛我心，我憐汝色，以是因緣，經千百劫，常在纏縛，唯殺盜婬，三為根本，以是因緣，業果相續。」舉世若能持此戒，不祈禮而禮立，威儀自守，不肅而嚴，而法庭可無案牘之勞形矣！釋婬戒之義已竟。

四、明妄語戒者，妄語之事，亦當制止，見則言見，聞則言聞，言無妄出，細故之事尚須真實，況事關重要乎？觀乎妄語之由，多為希求名譽利養，匿情變作，昧心厚顏，如是乃至未得聖果謂得，未證佛心謂證，欺罔聖賢，誑惑世人，是名大妄語，大妄語若成，墮無間地獄，當慎之莫犯。佛教以直心是道場，何不依之修學？舉世能持此戒，則信用具足，不邀名而名自至，不求利而福自歸，釋妄語戒已竟。

五、明飲酒戒，飲酒宜制者，酒雖非葷而能迷心失性，《大智度論》明有三十六過，《梵網經》云：「過酒器與人，五百世無手，何況自飲及教人飲？」昔有比丘能降毒龍，唯好飲酒，一日醉臥途中，嘔吐酸臭難近，唯有蝦蟆舐其唇吻，適遇佛至其側，佛歎云：「汝有神力能降毒龍，今日醉臥，反為蝦蟆所降，汝之神力何在？」故佛制止飲酒，酒戒從此始，以酒能亂性招殃。又如昔有在家五戒弟子，因破酒戒而殺盜婬妄齊破，可不哀哉？故酒能為起罪因緣，痛戒沾唇，況儘量而飲乎？舉世若能持此戒，則乘醉惹禍自無其人矣！釋酒戒已竟。

若欲不犯此五戒，重在攝心，妄心若攝，分別不起，愛憎自無，種種惡業何由而生？故《楞嚴經》云：「攝心為戒，因戒生定，從定發慧。」當知攝心二字具足戒、定、慧三無漏學，斷除貪瞋癡，則諸惡不起，自能眾善奉行，故攝心二字豈獨挽救人心，維持世道？果能攝心一處，無事不辦，日久功深，菩提可冀。

我佛洪恩，初唱三歸，次申五戒，用斯方便，先拔眾生苦，其恩浩大，豈碎身之所能報其萬一哉！是故聞說此三歸五戒之義，當從解起行，若百家之鄉，十人持五戒，則十人淳謹，百人修十善，則百人和睦，傳此風教偏於宇宙，則仁人百萬。夫能行一善則去一惡，則息一刑，一刑息於家，百刑息於國，其為國主者，則不治而坐致太平矣！所以受持五戒，不但欽遵佛制，報感樂果，抑且冥助國律，益補邦家，斯乃三歸五戒之名德行相也，諸位若能真實行持，則得成佛種子，行解相應，方到彼岸；願諸大眾從此之後，從聞生解，解而思，思而修，則成佛可期；常勤精進，輾轉示人，方報佛恩；希諸大眾各宜努力，前途無量，消災免難，若能受三歸五戒，諸惡不作，眾善奉行，自能與道相應，無上佛道可以圓成矣！

《虛雲和尚法彙——開示》岑學呂編輯一九五九年

在廣州聯義社演說

善知識！虛雲此次由港還山，路經此地，辱承各位相邀敘談，莫非累劫之緣。

善知道！講到佛法兩字，實與世間一切善法等無差別，豪傑之士，由於學問修養的成就，識見超常，先知先覺，出其所學，安定世間；諸佛祖師，由於歷劫修行的成就，正知正覺，發大慈悲，普度三界；世、出世間賢聖，因行果位，一道齊平。

善知識！佛法就是人人本分之法，總要步步立穩腳根，遠離妄想執著，便是無上菩提。古德所謂「平等心是道」，只如孔子之道不外「中庸」，約理邊說，不偏是謂中，不易之謂庸；約事邊說，中者中道，凡事無過無不及，庸者庸常，遠離怪力亂神，循分做人，別無奇特。佛法也是一樣，吾人須是從平實處見得親切，從平實處行得親切，纔有少分相應，纔不至徒託空言。平實之法莫如十善，十善者，戒貪、戒瞋、戒癡、戒殺、戒盜、戒婬、戒綺語、戒妄語、戒兩舌、戒惡口，如是十善，老僧常談，可是果能真實踐履，卻是成佛作祖的礎石，亦為世界太平建立人間淨土之機樞。六祖說「心平何勞持戒？」是為最上根人說；上根利智，一聞道法，行解相應，如香象渡河，截流而過，善相且無，何有於惡？若是中下根人，常被境風所轉，心平二字談何容易。境風有八，利、衰、毀、譽、稱、譏、苦、樂名為八風，行人遇著利風便生貪著，遇著衰風便生愁懊，遇著毀風便生瞋恚，遇著譽風便生歡喜，遇著稱風居之不疑，遇著譏風因羞成怒，遇著苦風喪其所守，遇著樂風流連忘返，如是八風飄鼓，心逐境遷，生死到來，如何抵敵？曷若恆時步步為營，從事相體認，舉心動念，當修十善，事相雖末，攝末歸本疾得菩提。

復次，佛門略開十宗四十餘派，而以禪、淨、律、密四宗攝機較廣。善知識！佛境如王都，各宗如通都大路，任何一路皆能覲王，眾生散處四方，由於出發之點各個不同，然而到達王所卻是一樣有效，《金剛經》云：「是法平等無有高下」，但吾人若今日向這路一逛，明日又向那路一逛，流離浪蕩，則終無到達之期。六祖云：「離道別覓道，終身不見道，波波度一生，到頭還自懊。」垂誡深矣！所以吾人要一門深入，不可分心，不可退轉，如鼠齕棺材，但從一處用力，久自得出。若欲旁通餘宗，自須識其主伴；禪宗的行人便應以禪宗法門為主，餘宗教理為伴，淨土宗的行人便應以淨土法門為主，餘宗教理為伴，律宗密宗亦復如是，方免韓盧逐塊之弊。佛門戒律，各宗皆須嚴持，識主伴如行路知方向，持戒律如行路有資糧，宗趣雖然不同，到頭還是一樣，所謂「歸元性無二，方便有多門」也！

今日座中皆上善人，與佛有分，虛雲嘮叨移時，亦不過為虛空著楔而已！珍重！

《虛雲和尚法彙——開示》岑學呂編輯一九五九年

在廣州佛教志德醫院演講

善知識！今天是佛教志德醫院成立日子，承各位邀虛雲主持開幕典禮，這事甚為希有，廣州醫院，冠上佛教兩字者，尚屬初見。

善知識！人生八苦，病居其一，我佛出世，原為眾生離苦得樂，所以五明之學有醫方明，禪門晚課願文有「疾疫世而化藥草」之句。菩薩為眾生救療沉痾，不惜身命，如藥王菩薩，以眾香塗身，自焚供佛，供佛即是供眾生，「心佛與眾生，是三無差別」，華嚴了義，其理可思。諸佛時時念著眾生，如母念子，眾生心有貪瞋癡三病，佛為說戒、定、慧三法以治之，眾生身有風寒、暑溼之病，佛為演「醫方明」以治之。《淨名經》所謂：「眾生病故菩薩病」同體大悲，慈眼如是。

善知識！世間賢聖亦同此心，亦同此理，只如神農嘗百草，亦是為眾生而嘗，菩薩在因地修行，現種種身而為說法，神農氏即是菩薩，現醫王身而為說法。

善知識！人類的病，五欲為因，或屬宿業，無始亦由五欲。疾病發作，需他救治，目前無力求醫者，實非少數，各位善長發心倡辦此院，贈醫贈藥，此心便是菩提心，正是我佛慈悲本懷。

善知識！菩提者，正覺也，正覺之心，不落人我善惡二邊，平等布施，冤親無間，醫著我的眷屬固然留心，醫著他人眷屬亦同樣盡道，善人、惡人，入到院來，等心看護。我佛過去生中嘗捨身飼虎，其義可思也。

此院深賴梁董事長，及陳院長熱心毅力，乃有今天的成就。古語說：「莫為之先，雖善不彰，莫為之後，雖美弗揚。」座上大眾，今後總要有錢的出錢，有力的出力，六祖說：「佛法在世間，不離世間覺，離世覓菩提，恰如求兔角。」大眾努力，開此院是大慈大悲工作，實現我佛「方便為究竟」的真諦，虛雲不勝馨香頂祝之至也。

《虛雲和尚法彙——開示》岑學呂編輯一九五九年

文彙

立誓參禪不看經律廣記博聞

凡看一切經書，雖云廣記博聞，反塞自己悟門，不如一門深入，盡空所有，自有相應處，決不賺人。只要堅心，此事曠劫難逢，我與諸人多生錯過，今不努力，更待何時？挨捨身命，畢竟樂討箇分曉，若不如此，永墮地獄；倘或見諦，上宏下化，以報佛恩，若不如此，亦永墮地獄。

《虛雲和尚法彙——文記》岑學呂編輯 一九五九年

因博奕有感寄勸念佛

慨自五欲染濡，人心顛倒，有耳目誤用其聰明，有心思妄生其念慮，當為者不為，不當為者胡為，比比然也。即以博奕論，帝堯作圍碁以教丹朱，所以使之奕通也；武王作象碁以示子孫，所以使不忘武備也；其意善，其慮深。迨傳之後世則不然，以之比禮，則不能檢束身心；以之比樂，則不能怡悅意志；以之比詩，則不能涵養性情；奕之為事，其無關於風教也明矣！而庸愚之輩沉酣於中，賢智之流亦為所惑。竭目力焉！竭心思焉！喜怒見於色，餓體膚焉！空乏身焉！勝負蘊於衷，廢時妨業，莫此為甚。古帝王以之化愚，今反以之誘智；古聖人以之示警，今反以之自荒；所以陶侃投之荊江，而不失為賢士，此舉世不宜為之，而偏多好樂，可為深長太息者也。

乃若身列緇流，名稱釋子，上思奉事諸佛，下思濟度眾生，靜則默會彌陀，動則正言直行，以及行住坐臥常常收攝其身心。〈證道歌〉云：「行也禪，坐也禪，語默動靜體安然，不為八風轉，不被五欲牽。」何等解脫？何等自在？矧夫樗蒲圍碁，骰擲陸博，皆亂道心，妨廢正業，為佛深戒，而乃貪之好之，如世間膏粱子弟，曠蕩庸夫，可恥甚矣！沉沉以思，吾人共生五濁，苦多樂少，壽短業長，縱使今朝成佛去，樂邦教主已嫌遲，安得不火急修持，宴然自安乎？

然人類之不能無老幼男女，貴賤賢愚者，理也，亦勢也。老者光陰有限，時不待人，若不修省，轉眼就是來生。故偈云：「此身不向今生度，更向何時度此身。」是老者所當念佛也。少者歲月深長，前程遠大，若不修省，則少年夭折者，不知凡幾。故偈云：「莫待老來方念佛，古墳多是少年人。」所以少者當念佛也。無論男身女身，內具貪瞋癡，外緣殺盜婬，若不修省，未免沉墜；況不信因果罪福，不達三藏經文，若不修省，三途難免；所以大道不分男女相，菩薩曾現女人身，是男是女，不可不念佛也。經云：「為人豪貴，從禮事三寶中來，若不修省，則貪得一家飽煖，而反招來千家怨嗟耳！」經又云：「為人貧賤，從不信因果中來，若不修省，必受貧窮下賤之報，更恐喪失人身之苦。」惟智者能覺照早修，愚者不信覆藏，故不論男女智愚之人，只要急早精誠念佛，自然滅罪消愆，須知生死事大，無常迅速，又何有博奕云夫哉！惟願由一家之人信佛，更能勸一鄉之人念佛，一國之人多信佛，更可勸盡大地之人念佛，深望同志之倫，切切回心念佛，不作無益害有益也。

《虛雲和尚法彙——法語》岑學呂編輯一九五九年

示禪人請益三不是隨拈數語

不是心，不是佛，不是物，愚智悟人同一宿。愚者不知佛是心，向外徒勞空碌碌。空碌碌，不見佛兮只見物，終日茫茫無了期；墮在貪瞋無明窟。智者知心即是佛，看見影響少回護，工夫作輟石壓草，春來依舊山水綠。山水綠，楚歌不似江東曲，捉風捕影賊為子。六六原來三十六，悟人悟佛即是心，是心無非是見佛。抖擻枯腸只這是，不安名號與灣曲，銷有歸無惟一真，從空起色萬象紛。放去也，言即心是佛；收來也，非心亦非佛。若是鐵蛇把要津，不是心，不是佛，不是物，老漢忒糊塗，諸人隨意畫葫蘆。

《虛雲和尚法彙——法語》岑學呂編輯 一九五九年

戒靈通侍者酒並偈

甲戌歲秋，雲初入山禮祖殿，見祖坐龕內，一金色鬚髮狀如歐人之像者，名曰靈通，雖壇經未見記載，而諸籍中稱侍者，為波斯太子慕道而來，性好酒，於祖在日許其偷飲云云。又於龕之右設一酒亭，金碧檀欒備極工緻，中具香爐花瓶、酒缸杯箸。余怪以問香火僧，僧曰：「侍者好酒，不獻則不利。」余謂：「爾輩欲飲，以侍者為雉耳！」僧曰：「和尚若不信，請驗之。」乃命其注酒缸內，守視之不數時，而酒化水矣！三日如是，怪矣！溯勸靈通侍者戒酒，以達觀可公為第一次，憨山清公為第二次，撤其酒器，為文祭告，越今已三百餘年矣！侍者當時已戒酒，豈已後又再飲耶？悟後仍迷，無是理也。

余重思之，恍然有悟。侍者於侍祖日，飽嘗法味，必不嗜酒，即使偶爾偷飲，經達觀、憨山之勸，亦必斷除，何以至今仍有烈酒化水之異？其必野狐精怪之輩嗜飲，以侍者為憑藉。此一念之邪也，以邪招邪，於是一班閒神野鬼，感應其邪念而來，侍者不飲，而野狐精怪及閒神野鬼皆大醉，酒乃化水。理不當有，事則無疑。於是余毅然撤其酒亭，毀其杯酌，奉侍者於伽藍殿，重塑其像，使兩手空空，不復提壺，因為之偈曰：

侍者有德號靈通，誓輔祖庭眾所尊，人多訛傳師好酒，師奉千佛無此風。
想是佞惡竊尊譽，嫁罪自飾將無同，今為拈出雪此恥，長伸兩手振吾宗。

《圓音月刊》第一期，一九四七年三月十五日、《虛雲和尚法彙——法語》岑學呂編輯一九五九年

再告靈通侍者文

丁丑秋，寺內僧俗多病，眾議紛紜，以格侍者酒供為詞，因再為文以告之曰：

「維歲丁丑，維月庚戌，是月之朔，壬申之日，南華禪寺住持虛雲，率領監院合山大眾等，虔備清齋酥酡妙供，沐手焚香，上稟祖師，奉告尊侍曰：

雲以不德，入侍祖庭，舉墜興廢，三年於茲矣。各事進行均稱順利，正當恢宏殿宇，百工斯勤。惟自本年入夏以來，僧眾匠工多病，百般醫治，效果殊微，豈以雲改建殿宇，重新祖庭而未稟命乎？雲朝乾夕惕，鞠躬盡瘁，此心當為祖師所諒也。謂為禁格侍者飲酒乎？則佛制戒律甚嚴，以酒器過人者，五百世無手，雲不敢以害侍者，及禍僧眾也，因之曾為偈以戒侍者。今僧眾工匠，又因病而涉及禁侍者飲酒問題，雲不得不上稟祖師寂光加被，再告侍者絕酒躭禪，並以解一般僧人之惑。

「我中國自儀狄作酒，禹飲而甘，曰：『後世必有以亡其國者』，其旨深哉！延及周初，世人皆中於酒，其時流風所被，必有極擾亂社會秩序者，於是周公作酒誥曰：『酗於酒者，繫歸周，殺無赦。』可謂嚴厲之極。降至唐宋元明諸代，無不時有酒禁，而禁終不能絕。此何故也？必有所至矣。夫酒之性有二，一曰痲醉，二曰興奮。世俗人以之合歡，以之解愁，誠以世俗之人處五濁惡世，八苦交煎，借酒澆愁，其中固似別有天地。何也？中酒有三，大醉則狂，狂斯亂；中醉則昏，昏斯沉；微醉則酣，酣斯暢。昏狂皆足戕己害人，不必論；即以酣暢而言，亦不過痲醉神經，奮興血脈，使其微適，將平時煩惱焦悶、抑鬱恐怖暫忘卻耳！及其醒時，則借酒澆愁愁更愁也。

「世俗人不知禪悅，乃以醉鄉為世外桃源，故千里禁之而不絕；若乎靈通侍者，親侍祖師，必得甚深禪悅。即今日僧眾禪堂坐香，試問到初地定時，百骸調適，身心俱忘，萬象如如，孤明歷歷，此時境界，以視哺糟啜釃而為酣暢，不亦天淵也哉！初地尚如此，甚深禪定可知也。明夫此，則不戒而自戒矣！自今以後，不許滴酒入祖庭，如有瘆厲，雲自當之，用是稟我祖師，啟我侍者大師，告我僧伽，從茲共勵，維護祖庭侍者功德，福濟無窮，內外清淨，頓消滓壥，靈源迸溢，枯水逢春，山門寧靜，共轉法輪。」

自祭告以後，瘆厲漸消大眾安然少病少惱。

《圓音月刊》第一期，一九四七年三月十五日、《虛雲和尚法彙——法語》岑學呂編輯一九五九年

遊昆明湖放生小引

民國九年庚申月日，某與善信諸君遊於昆明湖，藉放生以廣慈悲心焉！是日也，天朗氣清，水波不興，平湖如鏡，仰觀俯察，山川人物，乃知榆郡所以為西南都會也。台峯巍峙，鶴渚鎖流，龍池又史城之西湖也。自南而北，峯十九而溪十八；溯流而源，洲則四而島則三也。連奇峯，環玉帶，排翠闥，列畫圖者，蒼山之勝概也；迴狂瀾，噴珠玉，映澄清，照明鏡者，洱水之淵渟也。前臨雞足，問消息於飲光；後倚台峯，聆佛音於宗寶。左則龍華石室，右則威寶天衕，以致飛來拱瑞，天橋鎖峯，羅荃呈頁，集福排筵；一塔三塔，高聳雲間，五樓十樓，點綴湖畔；晴川溪雨，山雪海風，萬井星羅碁布，兩關天塹雲封，盛矣哉！蒼洱為宇內之奇觀也。

凝眸焉！蘋白蓼紅，參差於水面；鳧飛鷗躍，出沒乎波心。縱目焉！水連天一色，風與月雙清，一豆一觴，琴瑟笙歌，忘乎帝力。或有詞山青使，泛棹而歌；或有漁家者流，抛罟以俟；吾何意於斯乎？是遊而以放生名，意者其黿鼉乎？巨身吞舟，吾知其為介也，何得而市之？意者其蛟龍乎？能飛能潛，吾安得而目之？意者其魚鼈乎？類不同而名亦異，吾知其為鱗介，市以易之蘇而釋之者，何也？大不過數斤，細不加權秤，其為物微，其為命多，一錢可活數命，百錢可贖萬千，勿以其為物而可輕也，勿以為數多而可忽也。吾安得盡水族而放之？其力有能有不能，吾亦竭其力之可能而已。

《虛雲和尚法彙——法語》岑學呂編輯一九五九年

雲南開建華亭寺常住所置山場田地分處分院記

大元至正時，元峯玄通禪師於天目山中峯和尚處發明心要，於此開建碧雞山華亭寺。至明天啟楚僧相成，感沐國公黎護法，勅賜圓覺寺；歷元明清碑記可考，賢哲間出，幾經隆替。清末劣僧輩出，被豪劣將田地山場侵佔已盡。民國八年，寺僧聖緣等，將寺概行賣與華僑設為遊場。雲自光緒三十二年丙午，奉勅請藏經，創建雞山十方護國祝聖寺。適政變，毀寺逐僧，雲即會商海內大德，奔走南北，設佛教會、立僧學，及辦理各慈善事業，力護僧產，挽回教權，遂退養雞足。

至民國九年，聯帥唐繼堯請於五華山講經修水陸懺，命重興本寺，名靖國雲棲禪寺。雲視舊基向申寅不佳，移向坤艮，因挖土得古殘碑，亦名雲棲，不知起於何朝，碑存海會塔內門之上。將寺基重挖去土一丈八尺深，培堆左手青龍，填平右手深坑，創修天王大殿、經樓、大悲閣、各殿堂、各僧寮，鑿放生池，堆供養山、七佛塔、海會塔、靈泉巖、雲霞洞、山下招堤寺、松隱寺、淨耳山、善覺寺、山邑村、潮聖庵、西門勝因寺，各處莊田下院、各寺聖像。買回金山田地界址、東從寺下山脚至海水，左順海至冷水塘底、母豬龍箐；右順海刺桐溝、順蘇家村、松隱寺前山脚為界。南至三華山頂，左大箐與太華山毗連，直下牛鼻村、大箐口；右從太華望海山順大山路，直下太華寺青龍山頂，至松隱寺右山神廟箐，與太平寺山毗連，抵蘇家村學堂後路為界。西從背光山頂直下白華山箐，法畢堯上山神廟山頂，左上西壩山頂，與碧雞關高嶢山毗連分水為界；右順嶺直下牛鼻村，大箐口分水為界。北至母豬龍箐與普賢寺山毗連，左順水下冷水塘底海水；右順箐上祭祀臺，從過龍崗隨碧雞關大路，西壩山嶺分水為界。

前山脚至海，自冷水塘至刺洞溝，共用去銀圓二萬四千九百八十餘元。建開山祖塔於三華山，淨耳開山祖塔在牛鼻村、大箐口、大賁山，雲窗和尚塔在祭祀臺，岸棲和尚塔在白華山，大義和尚塔在西壩山，福興庵塔在老太山，道桂和尚塔在燕子溝青龍山，相成和尚塔在刺桐溝，松隱開山塔在松隱石虎崗，廣永和尚塔在蘇家村學堂後，月輪和尚塔在松隱山前；全山周圍，共載有省公署告示碑四十八塊，連修寺塔、聖像，買各處田產莊房下院，共費百萬餘金。復願叢林永懋，歷遂古而鎮常；佛法長興，經塵劫而不朽。是為記。

民國十六年歲次丁卯穀旦　福建鼓山幻遊虛雲重建並題

《虛雲和尚法彙——法語》岑學呂編輯一九五九年

建築鼓山寺各堂寮勝緣疏

敬啟者：

老衲承乏鼓山，於茲已三年矣。竊念此千年名剎，自唐靈嶠祖，降龍開山，至後梁興聖神晏國師重興，遞代相承，列祖列宗，締造精神於今未泯，而紹續佛祖慧命，端賴後賢，繼起有人，培植未來主法之責耳！虛雲自受事以來，竭蹶進行，雖次第興復禪堂、念佛堂、學戒堂、佛學院、延壽堂、如意寮、涅槃堂，以及各處下院，然以地方貧瘠，常住清苦，規模粗備已大不易。今者十方禪德來寺日多，禪房湫隘，居處難安，且禪堂位置向與放牲園毗連，禽畜糞穢，混雜薰蒸，清修靜養咸不合宜。今擬將此放牲園移置羅漢臺以下，開闢舊址，為增拓禪堂地基之用，詢謀僉同，咸以為允。

又鼓山年來傳戒，亞堂獨缺依止之所，竊維女界二眾，參學各省皆少，叢林風規既無聞見，塵俗習氣從何脫離？修學無地，實堪憫念。今並擬就本山平楚庵故址，在山麓接近廨院之處，建築女修院一所，俾令來山求戒，發心參學之輩，得由本山常住照應，可以安心淨修，於培植尼眾道風不無補益。綜此二事，籌劃建築之費，計非十餘萬金不辦，今擬合集善信，襄此義舉。茲值戒徒觀本贊助任勞，持疏募捐，祈諸大護法，長者居士，為法隨喜，廣為傳述，同心協力種此福田，培此道種，成此無盡藏不可思議功德，無任頂祝企禱之至。

民國二十一年壬申虛雲啟

《虛雲和尚法彙——法語》岑學呂編輯一九五九年

勸造《華嚴經》引

諸佛出世無非度生，然度一時之眾生以言語，度萬劫之眾生以經書，所以有三藏十二部類，開八萬四千法門。歷來中土受持最盛者，不過「法華」、「金剛」、「楞嚴」、「圓覺」，至於「華嚴」一乘之圓教，見性之秘典，以卷帙數多，流通未廣。余於雲山靜悟之餘，閒覽「華嚴」，其玄妙非口舌所能宣。今欲與上善諸公遊華藏之世界，入毘盧之性海，作真實之功德，種無上之良因，攢修「華嚴」大法，各各隨喜佈施，或一部半部，一函半函，一卷半卷，其功德不可以言喻也。伏冀　宰官長者，居士先生，廣植福田，同登覺路；勿藉口時艱，勿視為無益。寶山既到，切莫空回；報佛祖之深恩，植菩提之道樹，其在斯乎！是為引。

《虛雲和尚法彙——法語》岑學呂編輯 一九五九年

諷《華嚴經》遊海放生小引

自有天地而人位乎其中，有陰陽即有善惡，理也，數也，理極數極，聖賢特生，扶天常，植人紀，奠地維，為之格言，皆使人為善不為惡也。但至言雖多，佛言為量，三藏至切，而「華嚴」尤精。曠觀宇宙一華嚴也，川岳一華嚴也，古往今來在在無非華嚴也。豎超三際，橫貫十虛，大哉華嚴，豈可心思語測哉！然極大無外，不僅羅世界之廣闊；極小無內，匪特歛一己之身心。天賴以清，地賴以寧，人賴以安，以至四生六道，靡不賴以克濟也。奈濁劫漸增，人心不古，上天譴罰，或旱潦，或飢饉，皆以災異示人，使為善不為惡也。然為善固多，而不善亦有；回心雖眾，而愚昧時聞。某寂念禪關，蒲團消人間歲月；攜杖塵表，衣缽度劫外春秋；目擊時艱，不忍聞見。于時募化十方，鳩約同志，清淨三業，披瀝一心，諷「華嚴」於海上，放生命於淵中，冀風調而雨順，祈歲稔以年豐；祖禰超度，眷屬泰寧，更願嗣續繁昌，祿位增榮，商者富，農者豐，處處樂春臺，人人躋壽域，普照佛日，遠扇仁風，將見人心轉而天意回，劫運消而災異殄，經之利益，善之益人，詎淺鮮哉！是為引。

《虛雲和尚法彙——法語》岑學呂編輯一九五九年

弘一大師傳

師諱演音，字弘一，別號晚晴，又稱二一老人。原籍浙江平湖李氏，寄籍河北天津，父筱樓公，以進士官吏部，母王太夫人。光緒庚辰，父年六十八得師，誕時雀啣樹枝降其室，乃師應世之吉兆。天資穎異，甫就傅，過目成誦；纔弱冠，凡詩文篆刻，悉皆通達。戊戌政變，奉母南下，僑滬濱；庚子肄業南洋公學。乙巳東渡日本，於上野學校習美術，旁究音樂，中國學生入上野美專者，自師始也。試輒冠軍，聲名揚溢，人皆稱之。在滬創辦文化社、強學會、海上書畫公會，與名士袁希濂、許幻園、穆恕濟等，互相和唱於滬濱，文名大著。旋主教圖書音樂於浙江師範學校，辛亥革命後，應陳英士聘，主太平洋報筆政，加入南社及同盟會，其愛國之心，無時或已也。

師初好研宋元理學及道書，曾詣虎跑大慈寺，斷食三星期，身心愉樂，始傾志佛乘。戊午，師年卅九歲，丁艱，奔虎跑禮了悟和尚出家，同年具戒於靈隱寺，從茲塵緣頓斷，歸悟本來，破衲芒鞋，隨處自在。然觀苦起悲，不違所乘願；度諸有情，不辭勞瘁。丁丑駐廈萬石巖時，戰雲彌漫，人皆勸其內避；師以護法念固，不避艱險，題其室曰：「殉教堂」，於此見師入無畏之境矣！先是辛未春，師以護教心切，維法情殷，歎茲時丁末季，魔強法弱，木腐蟲生，欲圖挽救，非嚴整佛戒別無良策；於白湖法界寺佛前發誓願，強南山律宗。夏，應朱子橋將軍之請，在慈溪五磊山辦南山律學院；無何因魔事輟，後即隨處講律，循機說法，但有益於世者，靡不倡導。

每懷中國律宗，慨自南山宣祖重興，至宋靈芝照祖繼起，以後七百餘年，雖代有提倡，其中尚有未盡南山精微。蓋因南山三大部，早失於扶桑，迨至清末，由海鹽徐居士始將三大部從東瀛請歸，刊于天津刻經處，多有遺漏，不少錯謬。師不辭殫精竭力校正之，取正續藏等，廣尋披究，潛心研討，徧考中外律叢之幽微，分科標點，綱舉目張，表列註釋，使條分縷晰，微者著，隱者顯，續佛慧命於垂盡。編著有《四分律比丘戒相表記本》、《羯磨隨講別錄》、《彌陀義疏擷錄》、《律鈔宗要隨講別錄》、《南山宣祖略譜》、《晚晴集》等書。又嘗訂正科文，點閱《行事鈔》等書，嘉惠後學以無窮，厥功不可思量也。

壬午駐錫溫陵養老院，中秋後漸感微疾，但力拒醫藥，惟專念佛，尋且絕食。遺囑後事付其高足妙蓮法師，遂于九月初四晚八時，念佛聲中安詳西逝。荼毗後，獲舍利無數，靈骨分塔於承天開元二寺供養，距生紀元前三十二年庚辰九月二十三日。俗名息霜，字叔同，春秋六十有三，戒臘二十有四。

師之積修勝德，智慧高遠，允為近代南山律宗師範。其弟子僧睿等，以師生前著述欲刊行於世，用益自他而報師恩，以書請傳于余。雲因僻處西南，未親師座，故對師之道德，密行幽深之事，誠難盡識；加之暮年多病，筆硯久疎，何敢妄作？但久仰師高行，恨未能見，忽聞噩耗，不禁悲慟，痛為法門不幸也，故不敢辭。至於文字顛倒，筆墨參差，咎莫能辭，但望聞茲傳者，以師之律身道德自重，因慕其矩範，筆其大概，難免摸象之誚，貽笑大方爾。

《虛雲和尚法彙——法語》岑學呂編輯一九五九年

祭戒塵法師文

維

佛曆二千九百七十有五年，歲次戊子六月初二日，幻遊比丘虛雲，謹以香華素饈之儀，致祭於　戒塵老法師之靈而告之曰：

嗚呼哀哉！吾道其窮兮！聞法師之沒，奚不傷悲；吾道其未窮兮，何大師棄我之速，而與世長辭？嗚呼哀哉！法門沒落，僧德頹廢，不懼因果，不畏清儀，放僻邪侈，靡所不為，披時代之錦衣，蓋掩護之有辭；惟我大師，有德有守，不為世移，嶙嶙其骨，巖巖其儀，行住坐臥，惟戒是師，僧德在戒，戒住道麗，正法久住，道在於斯，舍茲不求，非吾所知。嗚呼哀哉！憶昔遜清末葉，我避居於終南兮，師萬里而來窺；訖掩關於滇池兮，復朝夕之將護；護龍藏於京師兮，胼手胝足而不辭；興教育以育才兮，師靡役而不與我俱；念卅餘載之侶兮，幾形影而未離；獨砥柱於南天兮，續慧命之如絲；忽凶耗之驟降兮，不覺老淚之潸濕，痛哲人之已逝兮，吾道窮矣，吾將安之？嗚呼哀哉！尚饗。

《虛雲和尚法彙——法語》岑學呂編輯　一九五九年

祭太虛大師文

維

中華民國三十六年，歲次丁亥仲春之月日，幻遊比丘虛雲，謹以香花清供，遙祭　太虛大師之靈曰：

月黯吳江，波生法海，頓歸兜率，誰挽狂瀾？嗟夫大師，懷智而來，忍悲而去，來也何遲，去也何疾！大願未成，我懷何極，中外緇素，莫不哀傷，況屬法門同根同氣者耶！予每讚歎菩薩現應化身莊嚴佛土，以般若之慈舟，渡眾生於苦海，燃炬燭於昏衢，宣義諦於上國。古人云：「每見善知識如優曇花開」，甚言其希有也。大師荷如來家業，為末法津梁，住世期長，天人有賴，又何期去之速耶？予耄年入曹溪，勉為六祖奴郎，舂米負石，手胼足胝，日月如邁，衰病漸侵，其精神遠不及三十一年在重慶相見時也。今大師捨筏先登彼岸，其樂可知，而況大師弟子濟濟多材，灌溉靈根，使其抽條發幹，敷花秀實，復散為金剛種子，徧滿三千世界，即所以慰大師之靈，即所以報佛祖之恩也，夫復何悲！尚饗。

《虛雲和尚法彙——法語》岑學呂編輯一九五九年

祭戴居士傳賢文

維

年月日，幼遊比丘虛雲，謹以香花之儀，致祭於故戴公季陶之靈曰：

嗚呼！公生於艱屯，秉董筆而興邦兮，拯我元元；方漢業之未半兮，遽奪主而賓暄。慨國事之不可為兮，乃效汨羅之自沉；順流千里終未膏乎江魚之腹兮，自謂託佑命於觀世音。由是朝夕禮誦，而發無上勝心，披法鎧，振法鼓，為法界之干城兮，亦為眾生之南鍼。昔吾如來付護法大業於國王大臣，公其不忍三武之禍重見於兮，方期天假之年兮，永為北辰，忽動悲心，行真法供養，繼藥王而焚身。嗚呼哀哉！我將永懷於斯人。尚饗。

《虛雲和尚法彙——法語》岑學呂編輯一九五九年

輓鄭茂崗有序

辛未冬，妙知居士率瀛眷，奉其太翁茂岡老居士南歸中山，次於鏡海，以彌陀誕辰西歸，寂於蓮華峯下。雲歎曰：「茂公蓮華國中人也。」即其生平行誼所植善因，已超人天果德，況其家子孫眷屬，多歸依三寶，勤修淨業！經云：「西方佛號一歷耳根，永為道種。」茂公宿根深厚，今者機熟，故超出人天，令見聞之者，當亦知所勉歟。為具輓章，申敬遙禮。詞曰：

百年大事都如夢，一瞥春秋九十年，此日翻身歸覺位，往生直指示前緣。
信知淨業成家業，離卻人天入佛天，子職若真全孝德，為親當植火中蓮。
曩者鼓山方丈室，君家老少曾促膝，知君南返鄭公鄉，未違慰問維摩疾。
忽驚天末老人星，放光卻在彌陀日，吁嗟塵世本無常，百年一覺亦非實。
唯有西歸安樂土，得瞻瑞相為第一，人子事親道在斯，記取法華一聲佛。
若入無生不二門，方知非物非無物，我今遙禮蓮華峯，心香一瓣波羅蜜。

《虛雲和尚法彙——法語》岑學呂編輯一九五九年

記高鶴年居士

佛法西來，最上一乘者，直指明心見性，令人當下成佛；真為生死事大，決志割愛離親，實行尋師訪友，超出妙莊嚴路。余於清光緒間，發心仰慕金山，參學習禪，不知生從何來，死從何去。

嗣朝五臺，終南嘉午後谷，住小茅蓬，一齊放下，雜毒掃盡，攝念歸心，頗得自在受用。時，有高鶴年居士，訪道而來，一見相契，大有因緣。叩問參禪工夫，余云：「窮參力究，終能發悟，古人終日行腳，未嘗動著一步，終日喫飯，未嘗喫著一粒，君可能否？」居士隨向翠微茅蓬，親近法忍上人而去。余覺有未了因緣，往峨嵋，朝雞足，禮伽葉尊者，見有十方僧眾來山朝拜，無食宿處，因此發意，就缽盂庵破壞舊址整理，開單接眾。蒙我佛加被，龍天護持，建造大殿、經樓、各堂等百餘間，春來傳戒，夏時習學，秋間坐禪，冬天打七。民二往北京請《大藏經》，道出滬江，居士與月霞法師辦講經會宏法利生，聽者甚眾，法會殊勝；創佛經流通處、佛學叢報等事，利益群眾。余奉藏經回山後，於民九，居士來滇相聚，到我雞山九重岩下、獅子林間、七里松陰、熊猿巢窩，住一殘破茅蓬經夏，深受瘴毒，由余派人請來滇池。時，省主及諸公，送余主持華亭寺，由余改名雲棲。開辦道場，法侶希少，居士發菩薩心，即赴江浙，邀約戒成、修靜諸法師等，源源而來，相助宏揚法化。

居士後返故里，捨家歸公，與滬上簡玉階諸慈善家，合創婦女安老救濟院、淨土道場，規模宏大，遠道來學者頗眾；兼辦各種慈善及上海義賑會，救濟水旱災、放賑等事。民十四年。寺中人眾缺糧，航海來滬。時居士救災未回，疊函邀請來申，介紹與王一亭、狄楚青等諸公相見，高談無佛之世，直指當人之心，皆大歡喜。承諸老捐助，不下二千元。其時，福州鼓山首座二人，與省主代表前來邀余復興湧泉寺。居士再四相勸，諸公與我送行，余亦勸居士集稿，速印《名山遊訪記》引人入勝。

余說在家居士為道數十載，遊訪名山，參尋知識，稀有之事！若我等出家人發上品心，行腳參訪，千里不帶柴和米，萬里不費半文錢，隨在院堂能趕齋，到處寺廟好挂單，化小緣可補零用，還有一缽千家飯。在家居士，真正行腳磨練身心、參訪知識，則大不容易；有錢不能帶，無錢不能行，寺廟難借宿，無缽亦無飯，衝風冒雨，露宿風餐，受寒暑、忍飢渴，歷盡諸苦，言難盡也。明代徐霞客，遊山玩景數十載，富有之士！現時高鶴年，遊山訪道三十餘年，無錢之人。余與居士同舟共濟，此段因緣不得不記，余不會文，但記事實一二而已。

庚申初夏　昆明雲棲蘭若虛雲客於滬江觀音靜室略記

《虛雲和尚法彙——法語》岑學呂編輯一九五九年

高鶴年恆松居士遊山記敘

昔世尊禮塔，善財南詢，垂範河沙，後昆以軌。法至華夏，四山五嶽，雞足天台，勝境名藍，在處恆有；凡所參謁，或為宏法，或為結緣，或求懺悔，或祈疑難，利己益他，各乘其願，總皆不出引人入勝。古聖先賢，四方雲水，趙州行腳，三登九到，事昭日月，豈在枚舉，不過聊敘前賢，以啟後進，凡奉佛者，孰不銘心哉？因有鶴年高居士者，為道心殷，不辭勞瘁跋涉山川，足跡天涯遍尋聖跡；或禮名山而修懺悔，或訪知識而決疑問，或住蘭若而行佛事，或隨大眾而結良緣，任處優遊，真正解脫，實為難得。茲因滬上從佛諸賢，欽居士風，今敘歷覽各處名勝，集為遊記，啟發往事，問序於予。予自光緒二十二年，識居士於金山，次於秦之終南，及滇之雞足，今偶遇於滬，間數十年，瞻其道貌始終不異，卓卓可風，誠為可仰，故爾聊弁數言遺諸來者，用昭事實云爾。

偈曰：

遊山遊海遊江湖，遊盡江湖一物無，兩袖清風誰著價？滿懷明月自歌呼！

獰龍望釣徐銜浪，彩鳳瞻羅欲下梧，石頭路滑蒼天也，吸盡西江笑野狐。
芒鞋走遍天涯，不落有家無家，處處澄潭古月，時時覺地仙花。
琴彈無字之曲，步踏白牛之車，隨緣無遮淨界，在處出水蓮花。

《虛雲和尚法彙——法語》岑學呂編輯一九五九年

增訂《佛祖道影》傳贊

有清光緒庚辰，蘇州瑪瑙經房刊行《佛祖道影》一書，出自守一大師手訂，合真寂、雲福先後兩刊本，編為四卷，凡二百四十尊。據其自序緣起，先獲雲福刻宗門正脈道影殘本，遲之又久，乃得真寂本於楊仁山居士，楊又得之於心月上人云。查續藏載憨山大師撰《八十八祖傳贊》，蓋為題紫柏老人屬丁雲鵬臨摹牛頭藏本而作，為專刊道影之濫觴，今茲不獨丁本失傳，即求真寂、雲福初刊本，亦不易復得矣！鼓山舊藏《列祖道影》，成於 永覺老人主法之時，自迦文、飲光以次，凡百有三十尊，各繫贊語。崇禎戊寅於住真寂日刊行，即所謂真寂本是也。日久散失，後二十有四年康熙壬寅，其嗣法 為霖大師得原本於泉之開元，僅存七十餘尊，重事徵補，得四十七尊，合 永祖者為一百二十二尊，並加題記，庋於藏經殿，今又二百七十餘年矣！

代移時異，幸龍天守護，僅軼五尊，存者一百一十七尊，皆完整無損。雲住茲山，獲睹是冊，持與蘇州本相校，同者一百零八尊，傳贊皆仍 永覺老人舊題；禪誦之餘，復加徵集，續得若干尊，其原有傳贊者，多存其舊，無者為之僭補，依世次編入；至蘇州本所列世系間有訛誤，另加考正，都為三百十一尊，敬謹壽之梨棗，冀普同供養，咸植勝因。命名曰《增訂佛祖道影》，示仍依守一大師原本，第加增訂而已。至康雍以還，諸山名宿影像，徵集容有未周，則限於時與力，補闕拾遺，俟諸異日。昔世尊入寂，阿難結集於靈山；慈氏待來，迦葉持衣於雞足，慧命慈燈，賴以賡續。雲生丁未造，望道未見，懼大法之將墮，歎善根之日薄，冀存象教，昭示方來，茲意上繼紫憨、永霖諸師遺型，以報佛恩於萬一云爾。

佛曆二千九百六十二年（民國二十四）年乙亥　佛誕日

鼓山湧泉禪寺住持沙門虛雲序於聖箭堂

《虛雲和尚法彙——法語》岑學呂編輯一九五九年

法系考正

南嶽下第六十世東明旵祖之嗣法，有海舟永慈與海舟普慈二人。永住金陵東山，俗姓佘，普住杭州東明，俗姓錢；《續指月錄》兩存之。按：天童密雲悟祖及錢謙益宗伯，皆為普祖立傳，稱為旵祖嗣法；祥符蔭《宗統編年》，載萬曆六年辛酉，東明旵祖示寂，海舟普慈嗣法。據上所記，應將南嶽六十一世海舟永慈改定為東明普慈。

青原下第四十五世芙蓉楷祖嗣法，蘇州本依據位中符《祖燈大統》，逕列鹿門覺，將丹霞淳至天童淨中間五代削去；謂《指月錄》年歷並訛，以《青州塔記》為據，而《青州塔記》顯出偽託云云。為霖大師曾辨其謬，《續指月錄》引以為證。按：《宗統編年》，宋重和元年戊戌，楷祖示寂，丹霞淳嗣，淳祖蓋芙蓉嗣法二十六人中之上首也。明年淳祖示寂，真歇了嗣；其後三十有四載，為南宋紹興二十三年癸酉，了祖示寂，天童珏嗣；越十四載為乾道四年戊子，珏祖示寂，雪竇鑑嗣；經四載為乾道七年辛卯，鑑祖示寂，天童淨嗣；又二載為乾道九年癸巳，淨祖示寂，鹿門覺始嗣，去楷祖示寂，時歷五十有五年矣，何得竟以鹿門覺誤為淨因覺？顯紊世次。茲從「傳燈」及正續「指月」列鹿門覺於天童淨嗣法，增補丹霞淳至天童淨五世，糾正位中符之謬。

明三峯漢月法藏禪師，初秉拂於吳門北禪寺，嗣法天童悟祖，厥後三峯著《五宗原》以立異，悟祖不滿，遂至追拂。清世宗著《揀魔辨異錄》，於三峯一派屏斥尤嚴，三峯不獲與臨濟兒孫之列，已成鐵案。惟三峯平日於法門不無建白，弘戒法儀為後世矜式，茲列三峯於尊宿卷中，示絕於悟祖，仍不泯其護教之功。

《通鑑》載：「明建文帝因燕王兵破金川門，帝發太祖遺篋，得楊應能度牒及緇衣。編修程濟曰：『數也。』因召主錄僧溥洽為帝削髮，從水關中出，先入蜀，後入滇。」云云。今按雲南叢書《滇釋記》第二卷載：「應文大師，俗稱文和尚，明太祖長孫，故懿文太子之子也。建文四年時，燕王棣舉兵南伐，有內臣出高帝遺命，得度牒三，曰應文、應能、應賢，僧服如之。於是帝與御史葉希賢為應文、應賢，吳王教授楊應能為應能，並為僧。編修程濟為道人，遂從複道中出，歷遊吳、楚、黔、粵，入滇居永昌白龍山。復結茅于鶴慶浪窮間，又駐錫武定獅子山，遺像袈裟猶存在滇。數十年間，常疏「法華」「楞嚴」，間多題咏，後東歸，壽八十餘，坐化宮中，葬于西山，稱為老佛。」云按：葉希賢、楊應能，明史皆有本傳，建文殉國，皆稱殉難者也；《滇釋記》所載當較詳實。又葉、楊兩公之墓，尚在滇中洱源潛龍庵，即建文隱修之處。今第四卷建文更正為應文，以矯正諸家之訛誤，並存隨從忠義之名焉！

阿若憍陳如尊者天竺一

尊者中天竺人，系出世尊母族。世尊成道後，為五人轉四諦法論，尊者居首，聞聲悟道，為僧寶中第一，故世尊呼為阿若憍陳如，亦名俱鄰。此名已知，或言無知者，非無所知，乃是知無耳。贊曰：

歌利揮劍，早已說破，鹿苑初唱，惟師首和。
一個耳聾，一個話墮，熱瞞大地，居僧上座。

梁塢石月華智藥三藏尊者天竺

師天竺人，梁天監元年航海達廣州，將彼土菩提樹一株，植於宋求那跋陀羅在法性寺所建戒壇之畔。誌曰：「後百七十年，有肉身菩薩於此樹下演上乘，傳佛心印。」求那建壇亦曾立碑曰：「有肉身菩薩於此受戒。」天監元年壬午至唐儀鳳五年丙子，凡百七十五年，六祖至此受戒弘法，兩師之言驗矣！師復由南海經曹溪口，掬水而飲，謂徒曰：「此水與西天無別，溪源必有勝地為蘭若。」至源上觀山水曰：「宛如西天寶林山。」謂居民曰：「可於此建梵剎名寶林，百七十年後有菩薩來此演化，得道如林。」皆如所讖，並建羅浮月華等寺，肉身現在月華寺。贊曰：

西天來此，羊城植樹，飲水建剎，預待大士。
懸識百七，蒼生蒙度，留身月華，永灑甘露。

智巖禪師迦葉至此三十三世牛頭第二世

師曲陽華氏子，弱冠智勇過人，身長七尺六寸，隋大業中為郎將，累立戰功。唐武德中，年四十八，入舒州皖公山，從寶月禪師出家。一日晏坐，睹異僧長丈餘，謂師曰：「卿歷八十世出家，宜加精進。」言畢不見。谷中入定，山水暴漲，復參融禪師，發明大事，融謂師曰：「吾受信大師真訣，所得都亡，設有一法勝過涅槃，吾說亦如夢幻；夫一塵飛而翳天，一芥墮而覆地，汝今過此，吾復何云！」儀鳳二年正月初十日示寂。　贊曰：

八十世生，深谷危坐，塵沙劫來，不是這個。
融師撥轉，順風帆柁，萬古千秋，高風不墮。

慧方禪師西天三十四世牛頭第三世

師潤州延陵濮氏子，投開善寺出家，及進具，洞明經論；後謁巖師，諮詢祕要，巖審其根器堪荷正法，示以心印，師豁然領悟。復付法於法持禪師，隱居茅山；將入滅，見五百許眾，髻髮後垂，如菩薩狀，各持旛華云：「請法師講。」又感山神現大蟒身，至庭前如將泣別。唐天冊元年八月一日示寂，小林變白，溪澗絕流，道俗哀慕，聲動山谷，世壽六十有七，僧臘四十。　贊曰：

一相無相，誰能思量，一身多身，萬物皆真。

動也行雲出岫，靜也聲湛谷神。赴機千江月，擬議隔河津。

法持禪師西天三十五世牛頭第四世

師潤州江寧人，姓張，幼出家，年三十，游黃梅，依忍大師座下，聞法心開；復值方禪師為之印可，及黃梅垂滅，謂弟子玄賾曰：從傳吾法者，可有十人，金陵法持是其一也。」唐長安二年終於金陵延祚寺無常院，遺誡露骸松下，飼諸鳥獸，迎出日，空中有神旛西來，遶山數匝，所居故院，竹園林木變白，七日而止，壽六十八。贊曰：

黃梅聞法，牛頭受記，傳法威師，綿遠相繼。
露骸松下，含靈等利，慧日長明，輝天耀地。

智威禪師西天三十六世牛頭第五世

師江寧陳氏子，四歲依天寶寺統法師出家，謁法持禪師，傳受正法，自爾江左學侶，奔湊門下。有慧忠者，師視為法器，示偈曰：「莫繫念，念成生死河，輪迴六趣海，無見出長波。」忠答曰：「念想由來幻，性自無終始，若得此中意，長波當自止。」師又示偈曰：「余本性空無，緣妄生人我，如何息妄情，還歸空處坐？」忠復答曰：「虛無是實體，人我何所存！忘情不須息，即汎般若船。」師審其了悟，遂付法。唐開元十七年終於延祚寺。贊曰：

中持師毒，著佛頭糞，喚鐘作甕，欺賢罔聖。

越空劫外，三更日正，實體虛無，凌霄藤盛。

潮陽靈山大顛寶通禪師 西天三十六世青原第三世

師陳帝之裔，穎川人，祖官於潮。開元間，師誕於潮郡，幼歲慕雲林與藥山惟儼，並事惠照禪師；受戒已，同遊南嶽參石頭和尚，得大無畏法。唐貞元初入羅浮，至潮陽，開闢牛巖及靈山等處，韓愈問道，留衣致敬，事載《傳燈錄》。長慶四年一日告辭而逝，壽九十三，著有《金剛經》、《心經》釋義，塔在靈山左。贊曰：

徹證至理，豈拘正偏，揚眉瞬目，一任風顛。
語默動靜，妙聞幽玄，昌黎拜倒，衣書記傳。

鼓山靈嶠禪師 西天三十六世南岳第三世

師不知何許人也，與五洩山靈默禪師同印心於馬祖，隱居鼓山前巖，故巖以師名名之。湧泉寺址原係深潭，為毒龍窟宅，嘗為民害。郡從事裴胄請師制之，師乃臨潭誦《華嚴經》，龍出聽經，逐徙去。眾感其德，以潭址建寺，迎師住錫，於唐建中四年開法，勅賜額華巖，大弘法化，後不知所終。出《弘釋錄》及《閩志》。贊曰：

契馬師機，神珠無價，妙聞華嚴，龍歸座下。

開闢石鼓，雷音普化，萬古巍巍，光輝晝夜。

牛頭鶴林玄素禪師 西天三十七世牛頭第六世

師延陵人也，姓馬，參威禪師悟旨，復居京口鶴林寺。一日，有屠者預謁，願就所居辦供，師欣然往，眾皆見訝。師曰：「佛性平等，賢愚一致，但可度者，吾即度之，何差別之有？」僧問：「如何是西來意？」師曰：「會即不會，疑即不疑。」又曰：「不會不疑底，不疑不會底。」又有僧叩門，師問：「是甚麼人？」曰：「是僧。」師曰：「非但是僧，佛來亦不著。」曰：「為甚麼不著？」師曰：「無汝棲泊處。」天寶十一年示寂，塔於黃鶴山，勅謚大律禪師大和寶航之塔。　贊曰：

佛性平等，海水味一，屠兒刀放，三塗頓息。
西來何意，會即不疑，不疑不會，佛亦奚為。

徑山道欽禪師 西天三十八世牛頭第七世

師蘇州崑山朱氏子，初服膺儒教，年二十八，投素禪師出家，得旨後，至徑山駐錫，玄化大振。僧問：「如何是道？」師曰：「山上有鯉魚，海底有紅塵。」「如何是祖師西來意？」師曰：「汝問得不當。」曰：「如何是當？」師曰：「待吾滅後，即向汝說。」唐大歷三年，代宗徵至闕下，親加瞻禮，帝悅，謂忠國師曰：「朕欲賜欽師一名。」國師欣然奉詔，乃議號國一焉！後辭歸本山，于貞元八年十二月示寂，說法而逝，諡大覺禪師。　贊曰：

為真法寶，作丈夫事，鼻祖雙徑，龍王獻也。

馬師試惑，帝王鈍置，唐國一人，聲振百世。

韶州靈樹如敏禪師西天三十八世南岳第五世

師閩人，嗣長慶安（南漢）廣主劉氏，奕世欽重，封知聖大師號。僧問：「佛法至理如何？師展兩手而已。有問：「和尚有緣甚麼處？」師曰：「日出東，月落西。」師三十年不請首座，有問：「如何不請？」師曰：「吾首座初生也。」一日曰：「出家也！」一日曰：「行脚也！」一日命眾出三門迎首座，雲門果至，化被嶺表，四十餘年頗有異跡。廣主將興兵，躬入請師決臧否，師已先知，怡然坐化，王至，問：「和尚何時得疾？」對曰：「未曾得疾，適封一函子，令呈大王。」王開函得一帖子云：「人天眼目，堂中上座。」王悟師旨，遂寢兵，乃召第一座開堂說法，雲門也。龕塔葬儀，皆廣主辦，諡靈樹禪師真身塔焉！　贊曰：

師坐道場，尊法崇重，七古八怪，循機變弄。

卅載等人，留函酬問，域中大事，上座擔任。

唐石鐘發光禪師

師河南汝陽楊氏，世居官，見罪人歎曰：「人本無罪，無明陷之；地獄本無，夙業感之。」遂發願詣少林寺出家。受具於開元，精研毗尼及諸教乘，後徧歷諸方，究西來直指，發明向上。步禮迦葉，至雞足，駐錫其間，創石鐘寺，遂成法宇。　贊曰：

偶然一語，捷出群機，任性自在，空費鉗鎚。
飲光隱處，日月重耀，石鐘發響，音震冥微。

鳥窠道林禪師西天三十九世牛頭第八世

師姓潘，富陽人也。母朱氏，夢日光入口有娠，及誕，異香滿室，遂名香光。九歲出家，二十一歲於荊州果願寺受具，後詣長安西明寺復禮法師處學《華嚴經》、「起信論」，禮示以《真妄頌》，俾修禪那。代宗詔國一禪師至闕下，師謁之，發明心地，及南歸，見秦望山有長松，盤曲如蓋，遂棲止其上。白侍郎出守杭郡，入山問道，師曰：「諸惡莫作，眾善奉行。」白曰：「三歲孩童也曉得。」師曰：「八十老翁行不得。」忽一日謂侍者曰：「吾今報盡。」言訖坐化。　贊曰：

秦望山頭，是何模樣，月挂松枝，塵飛不上。
至險至平，太守難諒，位高太危，徒懷悵望。

鼓山興聖國師西天四十世青原第七世

師系出大梁李氏，幼惡葷羶，樂聞鐘梵。年十二，有白氣數道騰於所居，師題壁曰：「白道從茲速改張，休來顯現作妖祥，定祛邪行歸真見，必得超凡入聖鄉。」題罷，氣即隨滅。年十五，夢僧告曰：「出家時至。」遂依白鹿規禪師出家披削，參雪峯，峯搊住曰：「是甚麼？」師釋然了悟，亦忘其了心，惟舉手搖曳而已。峯審其懸解，撫而印之。後閩王建湧泉，迎師主席，賜號興聖，法道大行。贊曰：

直下若會，箭過新羅，通宵有路，一任摩挲。
不跨石門，畢竟作麼，塗毒雷轟，萬古不磨。

梁鼓山扣冰古佛

師新豐翁氏子，母夢比丘風神炯然，荷錫求宿，人指謂此辟支佛也。已而孕，生於會昌四年，香霧滿室，彌日不散。年十三出家，初以講說為眾所歸，謁雪峯，攜𦵹茨一包、醬一器獻之。峯與語，異之曰：「子異日必為王者師。」天成戊子，應閩王召，茶次，師提起槖子曰：「會麼？」曰：「不會。」曰：「人王、法王各自照了。」留十日，以疾辭歸鼓山，至十二月二日，沐浴陞座，告眾而逝。荼毗，祥曜滿山，獲五色舍利，塔於鼓山正寢。贊曰：

為王者師，受雪峯記，坐扣堅冰，空裡遊戲。

舉起茶橐，翻天覆地，人王法王，慧日普麗。

冲煦慧悟禪師西天四十一世青原第八世

師福州人也，姓和氏，幼不茹葷血，自誓出家。登鼓山投晏國師剃度，得法受記，弘法鼓山。周顯德中，江南國王延住光睦，僧問：「如何是大道？」師曰：「我無小徑。」曰：「如何是小徑？」師曰：「我不知有大道。」次住廬山開先，晚居金陵淨德，聚徒說法，有聲於時。開寶八年歸寂。贊曰：

幼入師室，撞破石頭，一言之下，左右逢源。
大道小徑，步步紅塵，我不知有，獅子嚬呻。

乳源雙峯寺肉身廣悟禪師西天四十一世青原第八世

師諱竟欽，姓王氏，蜀益州人。幼投峨嵋山黑水寺出家，二十一歲具戒巡禮，晚見雲門契悟印證。時，劉氏僭號嶺南，尤尚佛教，如靈樹知聖，雲門匡真，皆當時欽重，而師居其一。南漢劉晟嘗召問，甚喜，賜以磨衲方袍。太平興國二年二月二十二日，與諸緇素夜話，梵香合掌而逝，僧臘四十二，世壽八十二，塔全身本山。至大中祥符九年，塔戶分裂，視之如生，緇素迎請膠漆，供雙峯山，地方崇拜，甚感靈異。贊曰：

峨嵋脫染，堅持佛戒，生死大事，徧扣名德。
函蓋雲門，狂心頓歇，質留雙峯，萬古不滅。

丹霞子淳禪師西天四十六世青原第十三世

師劍州賈氏子，弱冠為僧，徹證於芙蓉之室。上堂云：「乾坤之內，宇宙之間，中有一寶，祕在形山。肇法師恁麼道，祇解指蹤話跡，且不能拈示於人。丹霞今日闢開宇宙，打破形山，為諸人拈出，具眼者辨取。」以柱杖卓一下曰：「還見麼？鷺鷥立雪非同色，明月蘆花不似他。」宣和己亥春示寂，塔全身於洪山之南。　贊曰：

入芙蓉室，忘來去路，打破形山，無本可據。
君臣道合，月蘆藏鷺，倒駕慈航，渡人無數。

宋大通達岸禪師西天四十六世南岳第十三世

師諱志靖，字達岸，粵韶州曲江梁氏子，生朱梁貞明四年。少不樂世事，十二歲出家，二十受具于雲門偃，南漢劉晟敬其德，尊寵甚隆。師偶過大通（大通烟雨為羊城八景之一）之滘口，阻風登岸，見古寺，愛其幽勝，不忍去；請于劉，重新之，賜名寶光。宋太宗太平興國三年辭眾逝，靈光燭天，奉其真身，時示靈跡，至今不壞，遠近爭禮之。寂年七十有二。　贊曰：

大士示化，遇緣即應，大通古跡，繼啟先聖。
靈光燭天，破長沙夢，留身範世，作福田供。

初刊師相，不得出處，故附於應化之末。後得大通烟雨寶光古寺記，始悉生平，因述于右。本應按代列入，因板已定，不能羼入，故仍補遺于此焉！

宗賾慈覺禪師西天四十六世青原第十三世

師茗州孫氏子，得法於廣照，繼席長蘆。僧問：「達摩面壁，此理如何？」師良久，僧禮拜，師曰：「今日被這僧一問，直得口啞。」上堂云：「冬去寒食，一百單五，活人路上，死人無數。頭鑽荊棘，將謂眾生苦，拜掃事如何，骨堆上添土，唯有出家人，不踏無生路。大眾且道向甚麼去，南天臺，北五臺。參！」　贊曰：

放一線道，禪淨對立，誰權誰實，千聖不識。
大士應化，逆順罔測，東林結社，熊耳面壁。

真歇清了禪師西天四十七世青原第十四世

師左綿雍氏子。襁褓入寺見佛，喜動眉睫，人咸異之。試經得度，拈丹霞之室，霞問：「如何是空劫之前自己？」師擬對，霞曰：「你鬧在，且去！」一日登鉢盂峯，豁然契悟，逕歸侍立。霞掌曰：「將謂你知有。」師欣然拜之。住後，上堂云：「我於先師一掌下，伎倆俱盡，覓箇開口處不可得。」師終於皋寧崇先，塔於寺西華相嶋，謚悟空禪師。贊曰：

一掌之下，伎倆俱盡，將為瞥地，旁觀者哂。
夜月流輝，澄潭無影，巧拙不到，金緘密穩。

天童宗珏禪師 西天四十八世青原第十五世

師印心長蘆，出世天童。上堂：「劫前運步，世外橫身，妙契不可意到，真證不可以言傳。直得虛靜斂氛，白雲向寒巖而斷；靈光啟暗，明月隨夜船而來。正恁麼時，作麼生履踐，偏正不曾離本位，縱橫那涉語因緣。」僧問：「如何是道？」師曰：「十字街頭休斫額。」贊曰：

妙契匪意，真證離言，當街斫額，學棹迷源。
橫身劫外，徹底掀翻，正偏回玄，如珠走盤。

雪竇智鑑禪師 西天四十九世青原第十六世

師滁州吳氏子。兒時，母為洗手瘍，因曰：「是甚麼？」對曰：「我手似佛手。」長失怙恃，依真歇於長蘆時，大休首眾，器之。後遯跡象山，山怪不能惑，深夜開悟，復見休，蒙印可。住後上堂：「世尊有密語，迦葉不覆藏，一夜落花雨，滿城流水香。」贊曰：

我手佛手，阿師多口，遯跡象山，癡狂外走。
機契天童，百怪潛匿，達摩不識，世尊無密。

天童如淨禪師 西天五十世青原第十七世

師生而歧嶷，不類常童。長學出世法，參足庵於雪竇，庵令看柏樹子話，有省，呈頌曰：「西來祖意庭前柏，鼻孔寥寥對眼睛，落地枯枝纔踍跳，松蘿亮槅笑掀騰。」庵頷之，出世天童六座道場，兩奉天旨，法道之盛，可想見也。示寂說偈曰：「六十六年，罪犯彌天，打個踍跳，活陷黃泉。」搭全身於本山。　贊曰：

從來無名，喚作庭柏，白日見鬼，受趙州惑，
末後拈出，稱錘是鐵，此風扇布，知恩報恩。

鹿門自覺禪師 西天五十一世青原第十八世

師參長翁淨，值淨上堂，舉靈雲見桃花悟道因緣，頌曰：「一個烏梅是本形，蜘蛛結網扞蜻蜓，蜻蜓落了兩邊翅，堪笑烏梅皺鐵釘。」師不覺失笑曰：「早知燈是火，飯熟幾多時。」後承印記，出世鹿門，示眾曰：「盡大地是學人一卷經，盡乾坤是學人一隻眼，以這個眼，讀如是經，千萬億劫常無間斷，諸人還看得讀得麼？如看得讀得，老僧請他喫個無米油糍。」

贊曰：

燈原是火，日月同明，失聲一笑，鼻直眼橫。
無米油糍，覿面相呈，畢竟如何，梅嶽鐵釘。

普炤一辯禪師西天五十二世青原第十九世

師洪州黃氏子。年十一歲，丁父憂，遂出家。十八納戒，參鹿門，問：「如何是盡乾坤是學人一隻眼？」門曰：「汝被一卷遮卻也！」師擬對，門搖手曰：「不快漆桶！去！」師於言下有省。出住青州普炤，遷東都萬壽，室中三百問，勘驗學者，聲被大河南北。師示微疾，說偈而逝，壽六十九，塔分仰山棲隱，陽台青水院。贊曰：

以如是眼，讀如是經，窮未來際，徹底惺惺。
百問雲興，幾能折合，麟趾振振，神駒駁駁。

無用賢寬禪師西天五十四世南岳第二十一世

師和州周氏子，參金牛於冶父，纔見，牛便喝，師亦喝。牛曰：「那裡學得這許頭來？」師曰：「大有人疑著。」牛便打。明日復見牛，引入閣中坐，忽爐內湯瓶水溢，灰上衝，師忽然大悟，汗流浹背，呈偈有：「水底泥牛吼一聲，大千沙界一齊傾」句，牛頷之。至正中開法太湖普明，禪衲雲臻，夜有天燈下照，遠近歎異，特賜佛照圓悟之號。泰定三年九月十五日說偈而逝，塔全身於太湖。贊曰：

金牛一喝，松石亡年，春雲野鶴，秋水澄淵。佛祖垂照，鑒地輝天，東西南北，一等周旋。

高麗鐵山瓊禪師西天五十五世南岳十二世

師湘潭人，年十八出家。首謁雪巖，屢入室呈解，巖但曰：「只是欠在。」一日忽觸著欠字，身心豁然，徹骨徹髓，乃跳下禪床，擒住巖曰：「我欠少個甚麼？」巖打三掌，師設拜，巖然之。謁東巖，巖問：「心不是佛，智不是道，上座作麼生會？」師曰：「抱贓叫屈。」巖曰：「不是心，不是佛，不是物，是甚麼？」曰：「眉間迸出遼天鶻。」高麗國王欽其道德，請至其國，大弘法化，後在袁州慈化示寂，塔於觀音閣後。（事出明永樂間，徑上文琇著增集《續傳燈錄》第五卷。）贊曰：

髑髏磕破，痛下一鎚，本無欠少，須經這回。龍睛鹿眼尚難識，萬里無端逐臭來，眉間迸出遼天鶻，法網彌天海外開。

獨庵道衍禪師西天五十五世南岳二十二世

師蘇之相城人，族姓姚。年十四歲，出家於里之妙智庵，從虛白亮公習天台教，後參愚庵機契，掌內記三年，出世普慶，遷天龍。嘗自題肖象曰：「看破芭蕉拄杖子，等閒徹骨露風流，有時搖動龜毛拂，直得虛空笑點頭。」永樂中以佐命功，文皇欲官之，不可，一日召見，上潛令人以冠服被體，進爵太子少師，不得已拜命。奉使道疾，上親臨視，示寂，封榮國公，諡恭靖。荼毘舌根不壞，舍利五色，塔於西山，壽八十有四。贊曰：

大士垂跡，化非一端，三十二應，順逆音觀。
大師如是，敢測尊顏，損己濟世，人神同歡。

石溪無一全禪師 西天五十五世南岳二十二世

師之行實無考。惟續藏載師與高峯同印心於雪巖，而師之真儀藏於鼓山，垂三百年，敬為臨邈，用彰潛德。贊曰：

實相無相，萬物皆狀，真說無說，溪聲長舌。
隨緣隱顯，如水中月，雪巖正眼，萬古不滅。

五臺山壁峯寶金禪師 西天五十六世南岳二十三世

師乾州永壽石氏子，誕時白光盈室。六歲出家，徧歷講肆，忽歎為非，遂更衣謁如海於縉雲。偶攜筐擷蔬，入定三時方寤，呈解不契。海謂師曰：「此塵勞暫息耳，必使心路絕，祖關透，然後大法始明。」師由是脅不至席者三年。一日聞伐木聲，汗下如雨，乃曰：「古人道大悟十八徧，小悟無數，豈欺我哉！未生前事，今日方知。」尋受記莂，出世五台，眾至萬指。

至正洪武間，兩蒙召對，問法稱旨。壬子六月示寂，荼毘，舍利五色。贊曰：

白光燁燁，法中之瑞，伐木聞聲，更有何事。
兩入帝庭，高提祖印，皇恩正渥，浩歌歸去。

明獅子山應文禪師

師朱明建文皇帝也。燕藩之變，金川門破，內臣出高皇遺命，得度牒三，曰應文、應賢、應能，伽黎俱備。宮中火，帝易僧服，自居應文，自複道出；從行者御史葉希賢、吳王教授楊應能，並易僧服，分居應賢、應能。歷吳、楚、黔、蜀，輾轉入滇，隱居獅子山有年，今遺像猶存。晚歲東歸，坐化宮中，世壽八十餘，葬於西山。贊曰：

人王法王，各行正令，千日並照，有感斯應。
必竟如何，路絕凡聖，葉落歸根，無欠無賸。

附建文皇帝出家詩二首於下

牢落西南四十秋，蕭蕭白髮已盈頭，乾坤有恨家何在，江漢無情水自流。
長樂宮中雲氣散，朝元閣上雨聲收，新蒲細柳年年綠，野老吞聲哭未休。
風塵一夕忽南侵，天命潛移四海心。鳳返丹山紅日遠，龍歸滄海碧雲深。

紫微有象星環拱，夜漏無聲水自沉，遙相禁城今夜月，六宮猶望翠華臨。

松隱茂禪師 西天五十六世南岳二十三世

師奉化鄭氏子，年十八出家，奮志參方，首謁保寧。寧問：「來作甚麼？」師曰：「生死事大，特求出離。」寧曰：「明知四大五蘊是生死根本，何緣入此革囊？」師擬對，寧便打，師豁然悟入。晚歲退隱東堂，一日示微疾，集眾訣別，眾請偈，師舉手自指曰：「此中廓然，何偈之為？」端坐憑几，握右拳枕額而逝，世壽八十有五。荼毘有天花之祥，舍利無數，塔於瑞雲西崗。　贊曰：

無量劫來，抱此革囊，毒手一擊，如雪沃湯。
通身是口，毛孔放光，光前絕後，天花飛颺。

絕學世誠禪師 西天五十六世南岳二十三世

師示眾曰：「有志之士，趁眾中柴乾水便，僧堂溫煖，發願三年不出門，決定有大受用。有等纔作工夫，覺得胸次輕安，目前清淨，便一時放下，作偈作頌，口快舌便，將謂是大了當，悞了一生，可惜前來許多心機，中途而廢，三寸氣斷，將何保任？眾兄弟欲出離生死，參須真參，悟須實悟始得。」　贊曰：

水便柴乾，實悟真參，曠劫生死，豈是等閒。
婆心片片，痛切心肝，三界火宅，露地自安。

太華無照玄鑑禪師西天五十七世南岳二十四世

師滇之曲靖普魯吉人，父任安寧，師乃誕焉。長依虎丘雲巖淨公剃染，與念庵為友。初習教觀，歎非究竟，歷參空庵一，高峯妙，契心印於中峯。峯命分講為第一座，未幾還滇，出世太華，大弘拈花之旨。終於太華，壽三十七，塔於本山。贊曰：

祖意教意，不容擬議，鈍根阿師，草鞋空費。
疏存德嶠，講弘良遂，法法無礙，光燭天地。

徑山季潭泐禪師西天五十七世南岳二十四世

師台之臨海人，八歲，依笑隱學佛，十四薙染，出世徑山，有聲於時。明太祖召住天界，寵遇優渥，宋學士濂贊師曰：「笑隱之子，晦機之孫，具大福德，證大智慧。」其推重如此。師著有《全室集》，並箋註《金剛》、《般若心經》、《楞枷》三經行世。贊曰：

龍飛五位，法運更新，如雲之從，為國之珍。
不染世榮，天語益溫，末後傾出，誰賡其音。

碧雞山華亭玄峯禪師 西天五十七世南岳二十四世

師本楚人，族姓周，因祖父宦滇南，遂籍昆明，母夢祥雲繞屋而生師。師少具威儀，有夙慧，年十二博通儒典，十四厭塵勞，依雄辯法師出家稟具，參寶積壇主，與雪庭禪師為友。一日看柏樹子話，疑情現前，晏坐樹下，經七日，聞鵲噪乃出定。東遊參天目於中峯，一語忘筌，遂獲印心。返滇，峯示偈云：「百億日月繞四欄，光射銀山穿鐵壁，一庵內外赤條條，拈來總是心王苗。」出世華亭，道風遠被，至正九年己丑嘉平三日，示眾曰：「記取臘八，吾將歸去。」師生於中統丙寅，世壽八十四，僧臘七十，塔於本山，集有《高僧傳》及《語錄》行世。贊曰：

柏樹子話，有甚妙玄，中峯拈出，動地驚天。
爍破面門，鼻無半邊，華亭毓秀，慧燈永傳。

盤龍山宗照蓮峯禪師 西天五十七世南岳二十四世

師晉寧段氏子，生而穎異，天性絕倫。年十八，禮雲峯薙染，以生死為念，不忘參究。一日聞伐木聲有省，出滇見空庵，復叩中峯，乃獲印證。至正間回滇，開法盤龍山，有黑井為毒龍窟宅，頗為民害，師既建寺，書咒沉水而害息；寧州有虎患，輒傷人，師噀水驅之，虎亦潛跡，其神異甚多。師之肉身龕於盤龍，至今歲月朝禮者不絕。贊曰：

剎剎塵塵，隨應現身，百川之月，百花之春。

手眼快便，伐木丁丁，盤龍道啟，萬古傳燈。

古庭善堅禪師 西天六十世南岳三十七世

師昆明丁氏子，誕時紅光燭天，異香滿室。十歲依慈宗於五華，易名善賢，初參無際於金陵，際示以「萬法歸一」話。一日閱《圓覺經》，至身心俱幻，豁然有省。十九禮柏巖，遂改今名。再參無際，始蒙印記，付以衣拂，囑曰：「吾道自子大興，臨濟慧命，勿令斷絕。」師掩耳而出。歷主浮度、天界諸名剎，後返滇，即創歸化，大弘直指之旨。著有《山雲水石集》行世。　贊曰：

香光盈室，古聖再來，龜毛拈出，照徧九陔。

這個非別，石上花栽，道並盤龍，甘露同開。

雞足山真圓月潭禪師 西天六十六世南岳三十三世

師湘人，族姓蕭，父宦金陵，乃誕師焉！年十八，出家天界，秉具後，徧叩當代名宿，白齋、無際、徧融諸老，皆相器重，後印記於月心老人。嘉靖初，卓庵雞足，聿成名剎，即今之華嚴寺。是時，南詔大法，得盤龍古庭及師相繼，再振宗風。　贊曰：

大士化世，弘法自任，月照千江，無水不印。

性月共圓，諸德同證，南滇載德，大法永盛。

明雲棲蓮池大師蓮宗八祖

師俗姓沈，籍仁和。十七補邑庠，書「生死事大」四字於案頭，一日失手碎茶甌，有省，北遊謁笑巖求開示。巖曰：「阿你三千里外來開示我，我有甚麼開示？」師恍然，辭歸。過東昌，聞譙樓鼓聲，忽悟，說偈云：「二十年前事可疑，三千里外遇何奇，焚香擲戟渾閒事，魔佛空爭是與非。」萬曆乙卯七月，師將示寂，預別眾曰：「半月後吾將他往。」至期示微疾，面西而逝。著有《彌陀疏鈔》、《雲棲法彙》行世。贊曰：

老實念佛，不須捏怪，寧待融通，當場捉敗。
一聲塗毒，漆桶不快，更問如何，三千里外。

明回龍聞谷廣印禪師

師嘉善周氏子，母夢神人翼衛入室而誕。七歲送開元寺剃度，參儀峯，峯令看雲門露字因緣，至忘寢食。結茆雙徑，閱亮坐主參馬祖幾話，疑情頓發。一日睹瑞光花大悟，歷參雲棲、龍池，皆為印可。龍送至門，撫師背曰：「老姪！我還疑你在。」師曰：「甚處疑其甲。」龍曰：「如何是密啟其意。」師曰：「今日不打宜興轉。」龍呵呵大笑，師戴笠便行。後主真寂，天下嚮風。贊曰：

生有自來，神人衛送，頂笠便行，一任拈弄。
疑則別參，凡聖不共，一滴茗溪逆流，知他是濟是洞。

雞足山如滿月輪禪師西天六十七世南岳三十四世

師馬龍易氏子。十八出家受具，參月潭，盤桓有年，得受心印。莊嚴萬行，不以得少為足，偏參南北名宿。留燕都二十有六載，名動九重，兩蒙賜紫衣龍藏。晚歲返滇，歷主華亭、華嚴兩名剎，大振宗風，有《語錄》行世。贊曰：

心印月潭，名動闕庭，化被六詔，賜紫匪榮。
描真作絕，風骨稜稜，龍藏重頒，華嚴華亭。

真可紫柏禪師西天六十七世南岳三十四世

師吳江灘缺沈氏子，遊方聞誦張拙偈至「斷除煩惱重增病，趨向真如亦是邪。」大疑！一日齋次忽悟，乃曰：「使我在臨濟德山座下，一掌便醒，安用如何若何！」萬曆癸卯秋，忌師者以他事陷師罹難，被逮拷訊，神色自若，抵死以「傳燈」未續，為我出世慧命一大負，餘無他言。法司定案欲死師，師曰：「世法如此，久住何為？」乃索浴說偈端坐而逝。御史曹學程聞訊趨視，師復張目一笑而別。塔於徑山，著有《紫柏集》行世。贊曰：

其骨如鐵，其氣如虹，肩荷大法，力挽頹風。

如護君父，寧顧厥躬，雖罹其難，不辱門風。

南華憨山德清禪師西天六十七世南岳三十四世

師金陵全椒人也，姓蔡氏，父彥高，母洪氏夢大士攜童子入門，抱之，隨有娠。及誕，白衣重胞，有異香。出家報恩，參笑巖，巖示以本分鉗鎚。後結茆北台龍門。一日粥罷經行，忽立定，不見身心，惟一大光明藏湛滿圓寂，如大圓鏡，說偈云：「瞥然一念狂心歇，內外根塵俱洞徹，翻身觸破太虛空，萬象森羅從此滅。」後因宏法致嬰世難，而道望益高。天啟癸亥，坐化曹溪，壽七十八，著有《夢遊集》行世。　贊曰：

弘道嬰難，其道益弘，曹溪一滴，千里同風。

龍象蹴蹋，振聵啟聾，一靈皮袋，輝映盧公。

雞足山本安無心禪師西天六十八世南岳三十五世

師湖南平江舒氏子，隨母之燕。年十六，於法海寺披緇具，究心宗乘。久依南明廣，於言下密契，與妙峯友善。萬曆己丑，詔賜紫衣，慈聖太后懿旨，命師與妙峯同送龍藏至雞山華嚴，眾因迎師駐錫大覺寺，於時滇南祖道稱極盛焉！　贊曰：

黃卷赤軸，光被南天，蠻夷同慶，至化無邊。

紅波浩渺，雞足峯前，面目現在，倒卻剎竿。

明南雄蓮社庵肉身念純大師蓮宗

師諱智一，字念純，江西太和郭氏子。母夢白蓮而孕，生於萬曆丁亥冬月十九日子時，生時祥光滿。幼不群，厭腥膻，十歲通內典，十八登進士，歷官都御使，巡撫黔粵。二十五歲權臣當道，棄官出家，投丹霞大素禪師薙染，素師廣孝，是為仰法派。受戒於雲棲蓮池大師，參方十載，發明心地，禪淨並行，紫柏、憨山印可，許為法門砥柱。天啟六年創蓮社庵，鑿放生池四，專志淨修，日課彌陀十萬；再建鰲山寺、青蓮庵、旃檀林，四寺接眾，遐邇慕其道風，與蓮池大師相同。于順治乙亥七月十三午，無疾，告眾努力宏揚佛法，說畢，端坐念佛而逝。世壽七十三，僧臘四十八，度人無數。逝世經百日如生，香風不散，知州羅公與紳耆善信，留肉身供養於蓮社庵，迄今三百餘載，仍然如生。俗時著有《官箴青螺集》，法門著有《禪淨雙修集》、《淨土詩》行世。贊曰：

和氣初臨，萬物皆春，大哉造化，能使枯榮。
一句彌陀，四大皆空，金剛體固，景仰高風。

雞足山用周水月禪師西天六十八世南岳三十五世

師常德王氏子，少業儒，因閱《金剛》、《般若》經，至凡「所有相皆是虛妄」，有省。年十六，投古林脫白，志切向上，自謂識量依通非究竟法。徧參古宿，深求決策，至峨嵋忽獲證琉璃三昧，胸中瑩徹，了悟無滯。晚見雪嶠信和尚，呈所見，信頷之。旋滇結茆雞足，額曰水月，遂以名焉。一日集眾，以法道相勉，端坐而逝。壽六十有四。贊曰：

未明這箇，騎牛覓牛，一言投契，碎身難酬。
琉璃三昧，法海遨遊，水月何在，雨散雲收。

九溪山知空中峯禪師西天六十九世南岳三十六世

師湘鄉人，張氏子。十歲，投水月脫白，精究毘尼，參柏樹話，苦不得入。一日禮《萬佛名經》，至三卷，舉南無二字，忽身心脫落，即說偈云：「虛空是佛身，我本世間人，我性與空合，非佛亦非人。」遂創居九台。有密行老人者，居衡州南雲，令人以衣拂致師為臨濟三十二世，師拜受開法。一日謂眾曰：「三日後必雨，雨時相報，吾將去矣！」至時果雨，侍者報師，含鬚繞殿三帀，坐翹一足而逝。世壽七十七，有《語錄》及《草堂集》行世。贊曰：

一聲南無，震倒柏樹，萬派朝宗，千山獨露。
虛空粉碎，氣參佛祖，末法軌範，狂瀾砥柱。

古林庵慧雲古心如馨律師律宗古林第一世

師江寧溧陽楊氏子，生時異香盈閭，面有硃痣三十六。弱冠就攝山薙髮，夙稟洪願，步叩清涼，感文殊授衣摩頂曰：「為汝受戒竟。」師於言下頓悟五篇三聚心地法門，專持梵律，皎若冰霜，建古林庵，中興戒法。神宗皇帝賜紫，金至五臺開皇戒，感慶雲現空，賜號慧雲律，得法十二人，大啟律門。贊曰：

文殊舒臂，梵戒圓成，塔幸優波，隨類現容。
人天咸慶，玄化神功，律日永耀，萬古昌隆。

雞足山定堂本帖禪師西天六十九世南岳三十六世

師尋甸楊氏子，嘉靖間，游依秀嵩山白齋和尚脫白，參「萬法歸一」話，發明心地。後住雞山金龍潭，屢見金龍出現，又感椒樹放光，故創庵以花椒名焉。臨化書偈曰：「性無加減豈悟迷，本無來去巧妝奇，幾回力盡心圓處，坐脫娘生鐵面皮。」贊曰：

萬法歸一，忘筌得魚，鯨吞海水，露出珊瑚。
椒樹放光，金龍現瑞，力盡心圓，不可思議。

金山鐵舟行海禪師西天六十九世南岳三十六世

師新安蔣氏，幼孤，嘗至忠靈院，見像教端嚴，欣然忘返，如餓食院中，佛前瞻禮經行，儼若老衲。脫白圓具後，專心向上，發明大事，印記箬庵。後出世江天寺，師嘗夢乘舟于煙波浩渺中，至住金山，與昔夢契，示微疾逝，年登七十。贊曰：

大寢未醒，夢中說夢，煙波浩渺，風波誰動。
箬師喚起，應江天任，睜開兩眼，法何欠剩。

華嚴肉身聖可禪師

師西蜀王氏子，業儒，生於崇禎元年七月十三日亥時。十五歲避姚黃羅難，遇老僧囑念觀音聖號脫險。二十七歲遇遼陽禪師薙髮，取名得玉，至洪雅八面山澄江和尚圓具後，徧參南北名宿，及見雙桂老人，三句投機，得受印記。四十一歲由南旋蜀，至渝城，眾士庶請住華嚴洞，創華嚴寺，為法勤勞，有《語錄》九卷行世。贊曰：

吾無隱乎，凝膺如鐵，肯勤不怠，目不交睫。
爍破唇皮，虛空流血，雙桂三句，了無所得。

明戒台知幻律師

師江浦蔣氏子，世稱飛缽禪師。年三十，出家於金陵靈谷，圓具參方，自誓：「此行不蹋曹溪路，不敢回頭見故鄉。」參無字話，發明心地。正統間，北遊，詔賜紫衣，敕建戒壇，命師開法，四月傳戒，歲以為常。師頂額隆起，帝見奇之，呼為鳳頭祖師，師應聲曰：「亦鵝頭耳，敢附鳳邪！」帝益美其謙德，賜號萬壽。贊曰：

易說難行，戒為道本，繼武南山，腳跟密穩。
狗子性無，不涉唇吻，額有圓珠，風神凝遠。

雞足山悉檀釋禪本無禪師西天六十九世南岳三十六世

師昆明張氏子。早孤，一日遊昆明池，見青蓮浮於水面，餘人無睹，眾異之。年十九，依秀山空公祝髮，受心法於所庵禪師，每嗟法眼未明，銳志參究。一日托缽洱海城中，聞鄰室有人唱云：「張豆腐，李豆腐，枕上思想千條路，起來依舊賣豆腐。」忽然打失布袋。沐公鎮滇南，特建悉檀，請師開法，著有《風響集》。贊曰：

沿門托缽，不忘己躬，一句截流，迸裂虛空。

麤言細語，勝義同工，如虎戴角，大扇玄風。

三峯法藏禪師西天六十九世南岳三十六世

師錫山蘇氏子，研究《首楞經》，修觀音耳根圓通。會僧夾籬，聞破竹聲若迅雷，乃大徹。參金粟密雲和尚，一日粟舉僧問古德：「朗月當空時如何？」德云：「猶是階下漢。」僧云：「請師接上階。」德曰：「月落後來相見。」且道月落後如何相見。師便出堂，粟休去。

開法三峯，大弘濟宗，遷化後，塔於木山。贊曰：

竹聲破裂，深入圓通，森羅萬象，咸令斯宗。
階前月落，覿面相逢，拂袖而去，獨坐三峯。

理安性音迦陵禪師西天七十世南岳三十七世

師俗姓李，籍隸瀋陽。年二十四，投高陽毘盧寺祝髮受具，參「本來面目」話有省；詣杭州禮理安夢庵，呈所見，蒙印心，歷主理安、歸宗、柏林諸名剎，法道大行，名動九重。雍正四年九月二十九日示寂，勅封圓通妙智大覺禪師。著有《語錄》二十卷，《宗鑑法林》七十二卷，《是名正句》八卷，《宗統一絲》十二卷，《雜毒海》八卷，《宗鑑指要》一卷行世。贊曰：

這個阿師，費盡唇嘴，棒喝縱橫，實沒道理。
兒孫頌德，無能贊毀，為王者師，人天歡喜。

海會溟波禪師西天七十世南岳三十七世

師畿南武清郭氏子。年七歲，父母送往本邑天仙廟出家圓具，與德心體真結侶參方，至天津如庵，禮大博，問：「如何是某甲本來面目？」博豎拳。師曰：「除此別還有麼？」博便打。師疑情頓發，目不交睫四晝夜，因上單脫履有省。依止三載，溫研密稔，始蒙印可，結茆西山。又十年，始應檀護請，開法海會焉。有《語錄》行世。贊曰：

闢鹿荒山，法界門寬，翠竹黃花，溪聲鳥還。
法耳般若，豈二奇觀，諸賢側耳，天展笑顏。

寶洪山讀徹蒼雪禪師賢首

師字蒼雲，滇南呈貢趙氏子。童年隨父祝髮昆明妙湛寺，圓具後，侍水月和尚久，明慧敏達，以詩名於時。崇禎間，杖錫蒞吳會，與一雨禪師投契，雨舉為座元，繼席中峯，望重諸方。後於寶華山講《楞嚴經》次，一日告眾據座而逝，著有《華嚴海印》四十二卷行世。贊曰：

虛空為口，萬象為舌，一句全提，晝夜常說。
約住德山棒，拈劫臨濟喝，別別！烈燄爐中撈明月。

金山法乳超樂禪師西天七十世南岳三十七世

師海鹽陳氏，父母好禪悅，構庵延僧居之，師聞梵唄，即依依欣慕。及失恃，乃就庵剃染，得法鐵舟海，究明大事，繼位江天。清聖祖南巡，奏對稱旨，恩眷甚隆，賜紫。著有《頌古》，于野鴨子頌曰：「一群野鴨貼天飛，何用邀名鼓是非，恨殺馬師施毒手，錯將鼻痛當知歸。」贊曰：

梵唄感覺，是豈偶然，金鼓驚世，震起前緣。

頌出野鴨，早隔天淵，人主欽崇，伽黎橫肩。

明鼓山澄芳性清律師律宗

師又名遠清，皖之新安人，具姿環瑋，謝塵俗，習《華嚴》，負笠至越。時，慧雲律師說戒靈隱，夢有人語云：「明日文殊化身來乞戒，可方便授之。」次日師果至乞戒。及登壇，師病不能風，慧率眾就之。得戒後居五臺，研律藏，奏建戒壇，嗣慧公席，後命住鼓山。世壽僧臘失考，塔在清涼。贊曰：

大士乞戒，神太饒舌，受與不受，何盈何缺。

悲願智轉，若隨流月，光輝閩晉，東西南北。

寶華三昧寂光律師

師姓錢氏，世居瓜渚，母感異夢而生。年二十一，就禮彌陀庵出家，從雪浪恩習賢守宗。嗣徧參名宿，受具於慧雲律師，一見器重，囑以宏律，即嗣其席，結茆衡嶽等處。後至寶華山，大開法會，肇啟皇壇，開法席數十處。壽六十有六，無疾告逝。其諸靈異事跡，廣于行術，著有《梵網直解》四卷。贊曰：

千華律制，父作子述，三壇前唱，後和二持。
繼武南山，眾生病治，稽首吾師，梵網撈世。

鼓山為霖道霈禪師西天七十世青原三十七世

師建安丁氏子，年十五出家，十八納戒，偏歷講席。久參永覺，針芥投契，覺年八十，付以衣拂，說偈曰：「曾在壽昌橋上過，豈隨流水漫生枝；一髮欲存千聖脈，此心能有幾人知。潦倒殘年今八十，大事於茲方付伊；三十年中鹽醬事，古人有語不相欺。逆風把柁千鈞力，方便能定天下基。」康熙壬午九月初七日，集眾示寂，壽八十八，興鼓山寶福、白雲、廣福、開元四剎。著有《華嚴疏論纂要》等經論，共二十八種，一百九十六卷行世。贊曰：

重來石鼓，全提正令，醉心華嚴，卅年考證。
棗柏清涼，後先輝映，盜璽窺符，得說究竟。仰瞻道貌，肅然起敬。

鼓山惟靜道安禪師西天七十世青原三十七世

師晉江人，俗姓胡，於德化戴雲山脫白。初參古杭和尚，無大省發，嗣依永覺，發明心地；初住鼓山，復遷金陵攝山，有聲於時。康熙戊辰四月朔日示寂，壽七十有二，有《語錄》行世。贊曰：

吹無孔笛，唱太平調，鼓山攝山，千江月照。

諸聖不傳，向上一竅，全身放下，靈光獨耀。

怡山空隱宗寶禪師西天七十世青原三十七世

師南海陸姓，年十六，自攜刀就盤石禮佛剃落，縛茅於龍山，參向上事。一日閱《語錄》，言：「石壓筍斜出，崖懸華倒生。」豁然冰釋。事母至孝，母卒，廬墓三月。後參博山，山一日以倒騎牛入佛殿話，命眾下語，師呈頌曰：「貪呈不覺曉，愈求愈轉渺，相逢正是渠，纔是猶顛倒。蟻子牽大磨，石人撫掌笑，別是活生機，不落宮商調。」山為印記。後住羅浮長慶海幢大弘博山之道，順治十八年七月二十二日端坐而逝。壽六十有二，全身塔於羅浮華首台。贊曰：

石壓筍出，巖花倒懸，豁開兩眼，三更日現。

處處逢渠，機若雷電，博山無端，牛騎佛殿。

西域圓通明廣禪師西天七十一世南岳三十八世

師直隸雄縣高氏子，父性果，母孟氏夢一燈入懷，醒而有娠。幼慕出家，年十八，父母相繼逝世，遂祝髮。參溟波，問：「如何是父母未生前本來面目？」波便掌云：「會麼？」云：「不會。」波云：「參堂去！」後結七西域，至第四日五更，胸中豁然，說偈云：「三世諸佛座底牢，一條鼻孔透九霄，從今看破娘生面，普天匝地任逍遙。」波累徵詰，撫而印之。有

《語錄》行世。贊曰：

破諸佛牢，放百斤擔，地獄天堂，如游闤闠。
龜毛拈得，不妨快便，迸出日輪，河清海晏。

金山量聞明詮禪師西天七十一世南岳三十八世

師出世金陵香林，嗣法法乳樂禪師，康熙中賜紫。上堂云：「壁立孤峯，千山稽首，潑天門戶，萬派朝宗。揭示摩醯正眼，提持向上宏規。」云云。贊曰：

面皮三寸，眉毛二尺，敢作敢為，掉頭不顧。
三會說法，胸無元字，四主名藍，措足無地。

雞足山普荷擔當禪師西天七十二世南岳三十九世

師雲南晉寧人，姓唐，俗名泰，字大來。身丁有明末造，以明經選，不赴。國變後，禮無住老人祝髮，徧參吳越名宿，於湛然處發明大事。出世於雞山石鐘，滇南衲子，浩然趨附。康熙癸丑冬，示微疾，趺坐書偈曰：「天也破，地也破，認著擔當便錯過，舌頭一斷誰敢坐。」置筆而化，壽八十一。著有《修園橛庵》二集、《拈花頌百韻》行世。贊曰：

山寒水涸，天老地荒，空劫前事，妙用無方。

赤心片片，日月重光，一肩雲水，凜凜冰霜。

寶華隆昌讀體見月律師

師滇南白鹿郡許氏子，父酳昌母吳氏，感異世而生師。及長，性神敏，工繪事，尤擅畫觀音大士像，人爭寶之。父母早世，年二十七，為黃冠。越三載，遇一老僧，授以《華嚴》，披閱有悟，詣寶洪山，禮亮如和尚求剃度。先一日亮夢一人著袈裟領眾見度，睹師喜與夢符，遂為落髮。後至金陵，印心於三昧寂光律師，大張律宗。著有《毘尼止作二持》、《入藏流通》。贊曰：

棄道奉釋，夢著袈裟，三學鼎立，代佛弘揚。
嚴淨毘尼，止作儀張，弘範三界，苦海慈航。

天寧大曉實徹禪師西天七十二世南岳三十九世

師崇明陳氏，依天語出家，居終南山。憶洞山參雲門公案，見電光徹證，述偈曰：「奇哉奇哉甚奇哉！閃電光中正眼開。明暗兩條生滅路，誰知無去亦無來。」出山參月潭和尚印可，弘法香林金山天寧等處。乾隆再巡幸江南，欽錫紫衣，師示微疾，說偈而逝。壽七十三，臘四十九，塔於金陵之麓。贊曰：

電開正眼，生死路絕，月潭印破，聖凡同徹。
逼塞太虛，了無空缺，燈籠露柱，一任饒舌。

鼓山偏照興隆禪師西天七十二世青原二十九世

師古田陳氏子，幼業儒。年二十五忽厭世相，遂脫白，依恆濤和尚究心宗，出嶺偏參。禮文覺禪師於北京，疑情頓發。一日覺纔見，打一竹篦，師禮拜，覺曰：「子見甚麼道理？」曰：「某甲不是野孤精。」覺以手掩其口云：「離卻口作麼道？」師托開云：「有口只堪喫飯。」呈偈曰：「啞子喫黃蓮，滿口說不得，只是自點頭，更到天氣熱。」覺為印可。歸閩，濤命繼席，示寂塔於鼓山。中丞余公嚮師道風，執弟子禮，為敘其《語錄》行世。贊曰：

有口道不得，無口作麼道，夏到天氣熱，獅兕露牙爪。
燕閩萬里扇同風，折箸常將滄溟攪。

歸元白光德明禪師西天七十二世青原三十世

師雲川長興殷氏子，年二十一，參楚山克歸和尚。尚一日問曰：「日間杲日當空，夜間明月照戶，日月不相照，眾生爾難睹，如何是不涉明暗一句？」師曰：「今日普茶，來朝祝聖。」呈偈曰：「日當空，月照戶，古往今來空裡舞，明暗雙消何所睹，礙破太虛誰解補；若解補，驚起木童撾石鼓。」印記後，至漢陽建歸元寺。康熙癸亥年十二月二十五日告寂，眾索偈，師書曰：「至楚三十年，醜名徧播傳，也有說得好，不與我同參；若要我同參，咄！須要具者般始得。」擲筆而化，壽七十九，臘四十二，塔於本寺之陽，有《語錄》一卷行世。贊曰：

雨落日出，石滑晴路，踢破腳尖，明月照戶。
依舊埜山，燈籠露柱，笑破虛空，花開鐵樹。

寶華定菴德基律師

師婺之林氏子，髫年斷葷腥，父母故後，即投蘇州寶林寺剃染，受具於見月律師，嗣之。刻苦修持，寢食俱忘，始得毘尼奧藴，三學該通，主法寶華，甘苦與眾共，勞瘁身先之。嘗禮塔長干七晝夜，忽塔頂放光。將寂，索筆書曰：「七日後行矣！」至時沐浴更衣，無疾而逝。贊曰：

我佛命脈，梵戒為師，悲嗟末運，正法誰支。
祝祈永襲，補救斯時，霞光作證，信受奉持。

紅螺徹悟禪師西天七十三世南岳三十世

師一字訥堂，又號夢東，豐潤馬氏子。幼穎悟，博通儒籍。年二十二大病，悟幻質無常，遂詣房山三聖庵，依榮池老宿剃染。圓具後，歷諸講座，洞達觀乘深旨，復參廣通碎如純翁，發明向上大事。粹翁遷萬壽寺，師遂繼席，聲馳南北，宗風大振。晚歲語茆紅螺，棲心淨域，衲子奔湊，聿成叢席。嘉慶庚午十二月十七日示寂，荼毘獲舍利百餘粒。著有《夢東集》行世。贊曰：

圓頓法門，事無一向，志預聖流，心棲安養。
念念無思，重重華藏，釋迦彌陀，不少鹽醬。

石鐘松波禪師 西天七十四世南岳三十一世

師鶴陽段氏，童年穎慧，了世皆幻，遂從德舟上人脫染，參究宗乘，印心於埜竹老人。出世石鐘，茲寺發光開創，至師又一大興。寺為雞足全山之首，百廢重興，忍苦耐勞，為法為人，無我人相，斯誠山門之幸也！贊曰：

為法為人，以法為重，我法情空，八風不動。
興功造業，成三寶供，曹溪黃蘗，碓舂自任。

鼓山了堂鼎徹禪師 西天七十四世青原三十一世

師江西甘泉人，韓昌黎五十三世孫也。少讀書，究性理，游鼓山禮道源和尚得度。習賢首教，出入圭峯，讀洞上古徹于五位宗旨，俱有契發；閱大愚三玄三要，有云：「放倒大愚，大愚好不丈夫，用打作麼，我當日若見，只須瞥地覷他一覷，保他瓦解冰消，往往恩大難酬三十年後不得錯舉。」嗣法道源老人。　贊曰：

曹溪一脈，弱如懸絲，獨發契用，是法住持。
雷音轟動，石鼓沒皮，是韓氏子，為幹蠱兒。

《虛雲和尚法彙——法語》岑學呂編輯　一九五九年

書信

上林主席書

衲遵召來渝，主持法會，現已依法啟經，又蒙賜以多珍，除在佛前回向之外，並普結眾緣。本當趨府面謝，以修法期中不便離壇，祇得在佛前祝願，消災延壽，國運昌隆，以副盛意。

現前未能民安國泰，固敵人之罪，而人心不古，同業所感，亦其原因也。主席遠見及此，發起修法息災，超薦亡者，用心之誠，人天普照。衲無德，恐負重望，茲慈雲寺壇場設施，幸能如法，僧眾修持，亦甚誠懇。開壇之時，聞已佈告禁屠，開壇後閱諸報章，則禁屠未得切實執行。嘗問負責之人，則云因有種種關係，事非單純，勢難禁盡。衲甚感不安，且主席倡起斯會，為護國息災，衲之呈請施行五事，亦非為自己利益，想主席必能洞悉。若單拜四十九天大悲懺，仍不足以裨補於實際，非但有負主席之發心，人民之期望，衲亦不願為徒託虛名之事也。

此次主席代表，暨各長官，均蒞壇拈香，待二期畢，當赴華嚴主持壇場，想亦必能如法也。主席發起大悲法會，此功德非但息災，即改變人心，止惡行善，收效應非鮮淺；但修法固及仗僧伽之行持，而發起者之誠意，不能普及大眾，同時響應，恐於事理無益。故衲未到渝前及到渝後，函呈面陳，關於修法應施行五事，均蒙主席應允，准予實行，負責者亦已通告各省，祈禱茹素。望主席慈悲，為國為民，曲加體察，允如所請，國家人民均蒙福澤。事關重大，臨書不勝惶恐之至。（一月十日）

《虛雲和尚法彙——書問》岑學呂編輯一九五九年

附呈懇請施行五事

一，大赦。二，增廣賑濟難民。三，禁止屠宰牲畜。茹素放生。四，減輕賦稅。五，保護寺院及免僧役。

復卲武雙泉寺沿山上人問楞嚴第六徵心文非知不知義

昨接大札，謂前有賜教，責未奉復，抱歉良深。因老朽去歲往渝數月，今春始返，還山後，即將南華常住職責交卸，移至雲門，因與曹溪交通不便，所有函件諸多延滯；又因老病侵尋，文字緣薄，早經屢次申明，凡各處所來函件，辭謝不答。今仁者為法心切，諮詢「楞嚴」妙義，朽智識淺薄，徒負虛名，倘若置之，恐辜盛意，不得已聊循經文，略敘鄙意。

函問非知不知之義，以鄙見依經順文，解釋甚多，其明顯處，如尊者謂眼色為緣，生於眼識，其意執定此心有相有處，向來認執此心。今上文既五處皆破，都無現量，疑此心決在根與塵之中間，故佛以兩種斥破，心不在根塵之中，設立二問審定。一、佛言心若在根塵之中，此之心體為復與根塵兼二？為復與根塵不兼二？上以二種問定，下正分破。一、先破兼二，佛言阿難：「汝以此心，一半兼根，一半兼塵之二者，而此物與體兩下雜亂。何以物是塵，本非有知；體是根，原本有知。即今此物與體，一是有知，一是無知，物是根，塵是體，根與塵成其兩立。汝執心在根塵之中，即中不成，兼二即不成，故云仍為中二，破此心不兼根不兼塵」云。二、佛言阿難：「汝若執此心不兼根不兼塵之二種，即成非知不知。何以汝此心體，既非有知，又非根塵之無知？汝執心在中間，即今中無體性，故云中何為相。」總之一落方所，即有障礙，冥心合道，聖人以知為眾妙之門，否則知卻成閉塞，由人自妙用耳。此不過略述數言，還祈教正。

《虛雲和尚法彙——書問》岑學呂編輯一九五九年

復觀本首座

來函知法體安好為慰，前囑忌口之語，非謂不食也，恐師順眾多食而傷也。至云血氣已衰，你我已是風前殘燭，聽天由命，得過且過而已；而亦不得不保養。道人之保養，只在一切處無心，即真保養也。至在澳門功德林調養，本來辦道人何處不是家鄉，前因秀等誠心，故順伊等意。雲此次來粵償債，除師負責任外，粵中緇素，實難其人，今寺中大事無人幫手，啞子向誰訴說，故屢請回山共守寒寂，聊述衷曲，故不能不累師之煩矣！

《虛雲和尚法彙——書問》岑學呂編輯　一九五九年

復蓮花山濟善上人

昨閱來書，慶慰無量，欣頌飽餐法喜，充滿禪悅，誠為難得。若論此事，天然本具，有何差別，無言可說。理雖如是，然積習有厚薄之分，故喻化城寶所。仰山重法，不嫌香嚴之遙；雲門尊賢，不辭雪峯之遠；古範昭昭，百城烟火，究為何事？由其根本智易得，差別智難明，故爾免不得許多麻煩也。

《虛雲和尚法彙——書問》岑學呂編輯 一九五九年

復藏經會籌備諸公書

頃由南華轉來，貴會通知，及圓淨居士致觀本法師函，奉讀之下，一則以喜，一則以懼。喜者，《藏經》自雍正重修之後，至今二百餘年未曾整理，今茲重修，實為盛事；懼者，《藏經》為法門命脈，國家大典，非具金剛正眼，鐵面無私之決心，殊難圓成盛舉。考歷朝修藏，由送選大德高僧及朝士大夫深諳內典者，動經百數十人，費時甚久，用款甚鉅，重重選擇，對於去取尚有許多不當之處。或者情出一面，未足為人天正眼，亦為之存傳，而高峯、楚石、都堂諸祖著述，反為遺棄未收，此修藏之難也。今　貴會各自發心，而國府袖手旁觀，未加贊許，茲事體大，尚望慎始。若為繼續蒐羅近代大德事跡，不若如日本《續藏》」之保存古蹟，猶為易事。倘倡編《新藏》，則尚祈審議。

《虛雲和尚法彙——書問》岑學呂編輯一九五九年

申書啟

屢荷眷顧殊私，未能寸答，昨過擾二剎，愧甚愧甚！即辰授衣，應臯積雪袪寒，閒道人正好翻灰撥火，想必道範彌尊，清修益茂，十方渴仰，二剎欣瞻。賀賀！但近日法門衰替，多因戒律不精，與世浮沈，大乖法體，思得一持戒頭陀維挽振作，誠如古人所言：「老死丘壑，不如領眾叢林」之願。緬想師前在常住時，必欲坐破鐵壁銀山，即千駟萬鍾亦有所不顧，其志何勇猛堅固耶！今一旦住持二剎，為法門棟樑，作人天眼目，起衰救弊，力挽頹風，雖法門之慶，亦常住之光也。必須得人勖勸，隨材器使方妙。然愛眾之心不可不溥，容眾之量不可不寬，以眾人之心為心，以眾人之耳目為耳目，不可偏聽，誤信小人言語，要緊要緊！且立法貴嚴，待人宜恕，嚴則事無廢弛，恕則人能改過，不可因一言一事以棄人。用伸管見，幸為採行，法門幸甚！臨穎不勝翹盼之至。　謹啟

附註：按，申書者，申請嗣法書也。啟者，答其申請之文也。查禪宗門下，向有嗣法之習慣，如得法弟子，既得叢林住持，例向傳法之師申請嗣法，而其師又例答允之，以書啟證明其派系之關係而已。日久弊生，十方選賢之制，變為子孫繼承，今世有所謂剃派者，不問其賢不肖，祇順人情，嗣法繼位，何殊買賣！此師所不願為者也。師未應鼓山四眾邀請之前，在昆明

重建兩寺，兼任住持，迨決意往閩之時，曾召集諸護法與僧眾，卻選繼任之人。然四眾挽留甚堅，以任期未滿為詞，不肯另選，師行期已定，暫使弟子某代理其任務，乃得成行。既去，任期亦滿，諸護法者仍請某繼任住持。某具申請嗣法書，寄至鼓山，一請再請，均未見許，致啟人疑。且亦有謀奪其位者，疑謗交興，以某之果為不肖也。然諸護法者，以師臨去時，嘗付託於某，則某為賢能，堪任住持可知矣！爭持不決，群議懇請師回滇，勉為一行，風潮寢息，乃以此書啟答之。而文內無年月，亦無地名人名，不敘嗣法之事，但誡其寬和處眾。原稿標題刪餘申書啟三字，憶昔雲公再由滇回閩，從海船過港，曾到廣州數日，此民十八年事也。此啟當作於是年。（民國十八年己巳）

《虛雲和尚法彙——法語》岑學呂編輯一九五九年

序跋

鼓山湧泉禪寺經板目錄序

宋儒有言：「教學者如扶醉人，扶得東來西又倒。」予於斯語重有感焉！粵自騰蘭入漢，白馬馱經，乾竺貢書，代有增益。自東晉以迄南北朝，斯時佛法專重經教，世主以譯經為妙嚴，僧伽以試經而得度，說法以依經為本據，行道以轉經為功德，必至博通三藏，始稱法師，縱云究極一乘，罔識真藥。是故正法眼藏，以不立文字目為虛妄；闡提佛性，以未見經文爭相詰難。甚至重溟五舶，預言被擯於關中；面壁九年，達摩見毒於熊耳，以膠柱而鼓瑟，遂飲水而分河，此圭峯《禪源諸詮集》之所由作也。

李唐以降，拈花一脈五宗分化，禪德輩出，類多博該三學，於是禪教始漸融通。試觀少室以《楞伽》為印心，東山以《金剛》為下種，乃至字則不識，義即請問，壇經不乏說教之文；讀經看教，宛轉歸己，百丈所許自由之分，凡茲理事，明示風規。若夫金彈銀彈之權譬，佛說魔說之諸訛，拈止啼錢，勦絕兒孫解路；撾塗毒鼓，死盡魔外偷心；甚至把斷要津，喝佛罵祖，直目三乘十二分教為拭瘡疣紙，自非親乘入室之真子，罔知格外提持之著落。以死語會，則禍事矣！迨其末流，執指忘月，棄金擔麻，未解得魚而忘筌，不免因噎而廢食，禪教聚訟，又極紛紜，此又《永明宗鏡錄》之所由作也。

古德云：「依經解義，三世佛冤，離經一字，即同魔說。」參禪須開宗眼，閱教須明教義，此當人腳跟下事，切忌自瞞。自救不了，諍論奚為！耽著鬼家活計，與入海算沙相較，其能免於五十百步之誚乎？石鼓湧泉，自華嚴開山，興聖闡化，演曹源之一滴，跨石門以千年，其間列祖列宗，諦造艱難，凡屬後昆，飲水思源，皆當敬念。即以流通經教一端而論，溯自閩王貢寫本之祕笈，歲久無徵；元刻剩般若之殘篇，待補全帙。有明而後，南板初來，梵篋散藏，繼得全書。逮於清初，乃頒龍藏之賜書；迨及康熙，復鋟永通之板片。其間耗心血，費淨財，蒙艱貞，糜歲月，如永覺請經之記，乃冒萬死；紫柏刻經之願，盡此勞生。或舍利同供，建設正法藏殿，擲千萬金於五楹；或缽資罄捨，裝修殘破古經，積廿二年如一日。今者吾輩幸沾法乳，應思先進賢勞；我佛妙演圓音，當體法王聖訓，又豈可捨野狐之涎唾，自居無孔鐵錐；巢蟭螟於眉睫，甘作不快漆桶，遂令龍宮祕藏化為蟫蠹之叢；鷲嶺玄文訛作烏焉之馬！

爰擬清釐，重記目錄，依補亡之例，立整理之條，加丹黃之標籤，分簡冊之部居，考譯撰之人名，記鋟梓之年代，命門人明一觀本依此法式，循而考之，缺者補之，經夏告竣，成此經目一卷，題曰《鼓山湧泉禪寺經板目錄》。查其鈎稽，尚能如例，昔為霖霈祖於清康熙年間，嘗有《鼓山永通齋流通去寶畫》一經目刊行於世，迄今逾二百年，幣價相懸，奚翅天淵，各籍價目尚待改訂，故缺而不錄。予之亟亟於此，所冀禪講四眾，宗通說通，追縱古人得髓之真傳，勿忘先德喜惠之至意云爾。

民國二十一年歲次壬申月，幻遊比丘虛雲敘於鼓山聖箭堂

《佛學半月刊》第一一八期，一九三六年一月一日、《虛雲和尚法彙——法語》岑學呂編輯一九五九年

影印宋磧砂版《大藏經》序

虛雲自承乏鼓山以來，每思前明永覺諸祖所辦永通齋鋟板流通法寶事業，及羅致藏典以普益後人之困難。當崇禎初元，親至浙江嘉興，請方冊藏經，扶病冒暑，復值海潮汎濫之變，遇險者三，瀕死者再，乃得法寶而歸。逮至有清，康熙、雍正、乾隆代有所賚，汪洋法海，寺眾隨機飲啄，不可不為本山之厚幸。然惟靜、恆濤諸祖而後，經板既專理無人，遺著亦散佚無著。虛雲屢欲搜殘補缺，以繼承先志，以常住淡泊，力有未逮。

去歲壬申，承檀越葉恭綽居士，賚以商務印書館癸亥所刻續藏全部，檢閱禪教、律、淨諸部門，見鼓山列祖遺著多已搜入，喜不自勝；惟霈祖《華嚴疏論纂要》之鉅帙竟付缺如，其他霈祖以下之語錄遺著，亦有多種均未搜採，而殘篇斷簡，本山亦已缺佚不全，緬懷先代精神心血，留此遺澤垂訓當來，後世子孫不能保守，以至湮沒，常用疚心。去夏蒐羅廢帙，竟發現宋哲經板之《大般若經》、《大涅槃經》、《大寶積經》共計數百冊，梵筴雖已不全，脈望幸未災及。獲此瑰寶，視為奇緣，鈔補裝潢，七閱月而竣事，是誠本山閩忠懿王賜藏以後，碩果僅存之紀念品也。

今聞朱慶瀾居士以施賑至關中，發見宋磧砂藏經，不禁歡喜讚歎。居士素以法施為志，見此瑰寶不能自已，即向陝省當局謀影印之議，既洽，乃如滬與葉居士暨諸上善人，發起影印磧砂藏經事業。自民國辛未始事，閱今已歷三年，為法之勤，至足欽佩。近更以所缺損之二百餘卷帙，徵得敝寺之《大般若》、《寶積》等經，及其他宋元善本補而足之，斯誠希世之珍也。

法藏不可思議之大業，不意於末法時期，乃得覩此集大成之偉略，不特於佛法上放一異彩，吾知公等弘法之大願，對此時機，當是冥受付囑而來者。何以故？方今佛化西漸，其機已動，歐美學者向祇注目小乘，視錫蘭為教典薈萃之地；近日漸知北派尚有大乘梵典，遂於尼泊爾等處肆力搜求，而尚未知我國自唐以來所譯梵筴之富，自宋以來校刊梵冊之偉然大觀也。公等之扶持正法眼藏，虛雲謹拈雲門一字以為之頌，曰：「普」。

民國二十三年歲次甲戌元旦後十日　虛雲謹敘於聖箭堂

《虛雲和尚法彙——法語》岑學呂編輯一九五九年

修補古經跋言

此《大般若經》六百卷、《大寶積經》百二十卷、《大涅槃經》四十卷，皆延祐間福建省嗣教陳覺琳刻。相沿庋置法堂中，我鼓山湧泉寺明清以來，四賜龍藏，而此本久無人披讀，莫知其全缺也。今年夏，門人觀本明一始出而檢之，三經共殘缺四十餘卷，知客清福師倡募裝潢，而首座慈舟法師，西堂寶山師，暨宗壽、興證、通化、聖修、純果、法真、龍洸、慎足、傳道、澄朗、優定、能復諸師等，復發心手鈔，足其卷數，此三部古本大經乃煥然復新；余朝夕肅然，若對古佛也。考延祐當元中葉，迄今近七百年，人世滄桑之變不知凡幾，而此三經者巍然尚存，雖久置不檢，而幸免于潮蠹之壞，不可謂非神龍保護之力矣！工既竣，述其源委于此，並刊列出資芳名于每函之後，俾並垂不朽云。

民國二十一年壬申歲季秋　湧泉寺住持虛雲敬識

《虛雲和尚法彙——法語》岑學呂編輯一九五九年

校正《星燈集》

溯自拈花示眾，西竺正其傳；一葦渡江，東土振其緒。由是相承華葉，光芒燃無盡之燈，擺落蹄筌，教外衍不傳之祕。迨夫南宗談熾，北學祚衰，一滴同源，五宗大啟，洋洋震旦，幾於道一同風；濟濟叢林，何異雷鳴獅吼！其間乘時應運者，或舉拂而人天師表，或坐談而君相歸依，唐宋以來吁其盛矣！而我臨濟一宗者，導源黃蘗，實為吾法之亢宗；下逮碧峯，幾括神州而灑乳。全提祖印，棒喝交馳，其視舉圓相以傳心，別君臣而示祕者，其門庭之廣狹，蓋不啻倍蓰已也。其於薙度印心之來哲，眾幾擁盛如恆沙，莫不各嗣秉承，以伸木本水源之誠。自茲以降，孳乳益繁，如繅出絲，如瓜走蔓，雖派經累續，而來哲無窮，悉自宗由。

本派自玄祖以迄智祖，為世已二十有五；自智祖立派十六字至通字下，繼起三十二字，於薙法二枝，多出其源；從智祖以迄演徹，又為世二十有九矣！徹以下實繁有徒，其派傳至戒定字者不少，餘文不過三四字畢矣！每見諸方取至宗字完後，即任轉智字重起者多，至使次序紊亂，先後失宗。又開平先輩，於名派外未有字派，後人取字不詢來歷，至使古今德號首尾顛倒，聖凡溷雜，遂不揣僭越，謹於宗字下增派六十四字，外演號派八十字，從茲遞嬗，行看祖武相繩，若挈領綱，庶乎有條不紊。

今上溯淵源，下次統緒，彙為一編，題曰《星燈集》，俾垂永久，用達慈尊度生之懷。凡蒙恩育者，如眾星之彌布，羅列有序；若明燈之傳照，燈燄無盡也。至若舉揚祖奧，大振宗風，上媲美於前休，下垂法於來哲，徹雖衰老，猶願與吾宗英俊，共矢競競云爾。是為序。

佛曆二千九百五十九年民國二十一年歲次壬申季冬　虛雲題於鼓山聖箭堂

《虛雲和尚法彙——法語》岑學呂編輯一九五九年

校正《星燈集》序

前此予纂《星燈集》一編，于本宗祖嗣派流，疏述頗為衍博，同宗者利之。近數年來，宗嗣日繁，而間又自高庵以上，溯其源緒至于無準範，再上而至臨濟，而南嶽，以至于釋迦老子，皆可明矣！今自無準範始，至高庵昇，制為圖系，增進子嗣則按代編入，纂校既竟，命曰《校正星燈集》，示有異于前纂也。用付雕鐫，爰識一語于次云。

時佛曆二千九百六十二年歲次乙亥　佛瑞誕日　虛雲識于湧泉丈室

附本支源流系

十六 二十世無準範——十七 廿一世斷橋妙倫——十八 廿二世方山慧寶——十九 廿三世碧峯性金——

二十 廿四世白雲空度——廿一 廿五世古拙原俊——廿二 廿六世無際朗悟——廿二 廿七世月溪耀澄——

廿四 廿八世夷峯鏡寧——廿五 廿九世月山智勝　廬山智素　天池智光

大隨智潮　寶芳智進　突空智板

廿六三十世野翁慧曉——廿七卅一無趣清空——廿八卅二無幻淨沖——廿九卅三南明道廣——三十卅四世普明鴛湖德用——卅一卅五高庵慧昇圓清（高庵以下則詳集中）

本表自無準至高庵，凡十六世，上接臨嶽，下啟後嗣，一覽而明，其衍派凡經三變，斷橋下方山，立：「慧性妙悟，真機全露，廣濟徹源，符因證果。」一傳至碧峯性金，而另立：「性空原朗耀，鏡智本虛玄，能包羅萬有，故統御大千。」七傳至突空智板，又另立：「智慧清淨……」等四十八字，即今日通行者也。

臨濟下十九世碧峯性金，除佛祖世譜外，餘書皆作碧峯寶金，故有疑為二人者，多未加考訂，殊未審姓字為剃度之派，寶字為傳法之派。何以言之？綜考群書而紀，時地出處無一不同故也。今更將其法派列表于後，庶他日免宗門天皇天王之戈也。

五祖演——開福道寧——月庵善果——大洪老衲祖證——萬壽月林觀——石霜印——金牛真——普明無用寬——縉雲如海真——碧峯寶金

以上各表詳列出處，一一檢視即知性金、寶金原非異同；剃派、法派俱已了析，數典者無忘祖之譏矣！

虛雲附識

附錄各派源流

迦葉二十八傳至達摩，達摩五傳至曹溪六祖，六祖後派列五家。六祖傳青原思祖，思傳南嶽石頭遷祖，遷傳藥山儼祖，儼傳雲巖晟祖，晟傳洞山良价禪師，价傳曹山本寂禪師，後人尊為曹洞宗。

又石頭傳天皇悟祖，悟傳龍潭信祖，信傳德山鑑祖，鑑傳雪峯存祖，存傳雲門文偃禪師，曰雲門宗。

又存傳玄沙備祖，備傳地藏琛祖，琛傳法眼文益禪師，曰法眼宗。

又六祖傳南嶽讓祖，讓傳馬祖一祖，一傳百丈海祖，海傳溈山靈佑禪師，佑傳仰山慧寂禪師，曰溈仰宗。

又百丈傳黃檗運祖，運傳臨濟義玄禪師，為臨濟宗第一代。玄祖傳至十九代碧峯性金禪師，金祖下六傳至突空智板禪師，為二十五代。智祖演派十六字：

智慧清淨　道德圓明　真如性海　寂照普通

後從通字下，又續演三十二字：

心源廣續　本覺昌隆　能仁聖果　常演寬宏

惟傳法印　正悟會融　堅持戒定　永繼祖宗

現今諸方之臨濟派，於五臺、峨嵋、普陀山前寺，咸依此四十八字為最多，謂正宗從玄祖迄智祖，歷世已得念五。智祖立派，六傳至圓清禪師為三十一代；今於圓字下二十三傳至演字，得五十四代。虛雲因觀演字下又過十四傳，已到定字，餘文將完，故於宗字下勉繼其末，續演六十四字，外演號派八十字，以待後賢於名派宗字畢，即繼取慈字。

慈悲喜捨　大雄世尊　惠澤含識　誓願弘深　蒼生蒙潤　咸獲超昇
斯恩難報　克紹考勤　導實義諦　妙轉嘉音　信解行慎　徹無邊中
回向諸有　完最上乘　照示來哲　冀永長崇

附號派八十字，如取法名，名派取演字，字派取古字。

古佛靈知見　星燈總一同　冥陽孰殊異　萬化體皆容　鏡鑑群情暢
碧潭皎月濃　隨緣認得渠　縱橫任西東　顯密三藏教　禪律陰騭叢
修契幻華夢　應物悉玲瓏　怍悛奮悠志　實珠自瑩瑛　嚴奉善逝勅
杲日滿天紅

今將諸祖以及來賢，薙法名字稱呼順序組為聯芳，免至失傳尋源，無啟紊亂之悞。

《佛學半月刊》第一二五期，一九三六年四月十六日、《虛雲和尚法彙——法語》岑學呂編輯一九五九年

增校鼓山列祖聯芳集

序

《聯芳集》一卷，為本山第十三代住持宋慶麟禪師創始，三十七代孤峯惠深禪師繼之。孤峯宋紹興中住持，今刊本及于明正統中簡翁禪師，則不知誰所繼輯。簡翁至今又四百餘年矣，其間住持已五六十易。《山志》所紀，止于清乾隆遍照禪師，以下則無紀載。明以前，《聯芳集》與《山志》所紀，間有異同，使年更久，益莫衷其是。前此住持，皆不顧慮及此，余常惄然憂之。因牽于他事，不暇搜求采證，今春增訂《佛祖道影》將近�事，乃始取《山志》與《聯芳集》二本參證，以別集一一正之。乾隆以前之住持，歷略折二本而增削之，庶就于簡明；乾隆以後，則本于《碑記萬年簿》及《故老遺聞》可采者紀之，其無徵者，或存名而闕史，昭其實也。

嗚呼！余弱冠落冞茲山，圓具以後，行腳四方，山中之事，不知經幾許滄桑。行年九十餘，始策杖還山，謬主山席，凡一切設施，悉求合先哲先賢之矩範，曰勞曰怨，所未敢辭，即此一編，亦不宜少緩者也。他日觀之，庶乎一滴之原，萬葉之本，皆瞭然可指也焉！

佛歷二千九百六十二年（民國廿四年）乙亥端陽節 住山幻遊老人虛雲識于聖箭堂

附錄禪宗五派源流

禪宗五派，上溯始自天竺迦葉，二十八祖傳至達摩，遂稱東土初祖；又五傳而至曹溪慧能禪師，是為六祖。然單傳之說，只就衣缽授受而言，若夫傳法，西天固未可考，震旦已有分支，如牛頭融師承三祖之後，自成一家，余輯增訂《佛祖道影》一書，亦列其世系。六祖既止，衣缽不傳，昔人記其世系，多由南嶽、青原二家起；余於《佛祖道影》，亦依此兩家，分列其次序。惟五祖門下尚有神秀，行於北方，再傳而息，固勿論矣！六祖門下得道者多，著名者如神會禪師，傳圓頓之宗於北方，使漸宗絕息，其功固不可沒；然再傳至圭峯，又為華嚴宗之祖師，故其世系亦無可述。

今就南嶽、青原兩家世系言之，青原思傳石頭遷，石頭分傳藥山儼及天皇悟。藥山傳雲巖晟，晟傳洞山良价，价傳曹山本寂，後人稱為曹洞宗；天皇悟傳龍潭信，信傳德山鑑，鑑傳雪峯存，存傳雲門文偃，是為雲門宗；存又傳玄沙備，備傳地藏琛，琛傳法眼文益，是為法眼宗。故青原之後，分為曹洞、雲門、法眼三宗。南嶽讓傳馬祖一，一傳百丈海，而百丈分傳偽山佑、黃檗運二人。為山靈佑傳仰山慧寂，是為溈仰宗；黃檗運傳臨濟義玄，是為臨濟宗。故南嶽之後分為溈仰、臨濟二宗。此五宗派源流，余有《校正星燈集》之輯述，亦曾附錄及之。

南嶽下第六十世東明旵之嗣法，有海舟永慈與海舟普慈二人。永住金陵東山，普住杭州東明，《續指月錄》兩存之。按天童密雲悟及錢謙益，皆為普慈立傳，稱為旵祖嗣法。《宗統編年》載：「萬曆六年辛酉，東明旵示寂，海舟普慈嗣法。」據上所記，南嶽六十一世應定為東明普慈。臨濟一宗，本五派最盛，尚有此淆訛；曹洞宗五傳，至警祖稍息，得遠公嗣法，燈燈相續未泯。然青原下第四十五世，芙蓉楷嗣法，有《祖燈大統》一書，逕列鹿門覺，將丹霞淳至天童淨中間五代削去，為霖大師曾辨其謬。按《宗統編年》載宋重和元年楷祖示寂，丹霞淳嗣；明年，淳示寂，真歇了嗣；其後三十有四載，了示寂，天童珏嗣；越十四年，珏示寂，雪竇鑒嗣；經五載，鑒示寂，天童淨嗣；又二年，淨示寂，鹿門覺始嗣。去楷祖示寂時，歷五十五年矣！何得竟以鹿門覺嗣芙蓉楷，顯紊世次。故余於《增訂佛祖道影》一書，附法系考正一文以辨正之。

余居南華，甲戌夏，長沙郭涵齋寬慧居士、南嶽寶生長老與九成了照首座等，相繼由大溈山來，懇請興修大溈。意以此宗居五家之長，惜乏後嗣，致祖庭息燄，現係濟宗鐘板，此次遭匪焚燬，盡為灰燼，決議改弦更張，恢復溈仰一脈。大眾以予壽高臘長，為諸山敬信，請余繼振溈仰宗，余因南華未能謝責，情不獲已，勉循記載。查此宗是靈佑祖師起，四傳至芭蕉慧清，其徒繼徹起演二十字，繼字下應是妙字，順次以紹先宗。然書載宋三角志謙及興陽詞鐸二公止，一說二公為昆仲，同嗣報慈韶祖作六祖；一說志謙為六世，詞鐸為七世。今因此宗傳承甚少，故雙存之，以興陽詞鐸嗣三角志謙為七世，以後已無考據，茲以詞公與余各摘上一字，繼演五十六字，以待後賢，紹續無窮。偈曰：

詞德宣衍道大興，戒鼎馨徧五分新，慧燄彌布周沙界，香雲普蔭古今。

慈悲濟世願無盡，光昭日月朗太清，振啟拈花宏溈上，圓相心燈永昌明。

虛雲德清謹識

又余在南華，因悉雲門祖庭，香燈斷續無定，兔為興復。查此宗起於文偃祖師，十一傳至南宋末溫州光孝己庵深淨禪師止，後失典籍。原派是偃祖下八世優鴻，曾演二十字，後不知誰又出二十字。古派分三，今欲重繼，不知從何字起，故惟從己庵淨公與余各摘上一字，繼演五十六字，期之後賢，傳燈無盡。偈曰：

深演妙明耀乾坤，湛寂虛懷海印容，清淨覺圓懸智鏡，慧鑑精真道德融。

慈悲喜捨昌普化，宏開拈花續傳燈，繼振雲門關一旨，惠澤蒼生法雨隆。

虛雲演徹謹識

癸酉春，有明湛禪者，由長汀到南華，謂在長汀創建八寶山，志願欲紹法眼一宗，不知所由，懇授其法眼源流。因嘉其志，乃告之曰：「此宗發源在金陵清涼山，早廢，茲時不易恢復。從宋元來，紹化乏後，查諸典籍，自文益祖師七傳至祥符良慶禪師止，其後無考。舊派益祖六世祖光禪師立二十字，後不知何人立四十字，雖有二派，子孫停流，鮮有繼起。又查益祖出天台德韶國師，與清涼泰欽禪師。傳載韶、欽二公下五世良慶禪師，其中秉承，有繼韶公者，有嗣欽公者，紛紜不一。有記益韶壽勝元慧良為七世，有記益欽齊照元慧良為七世，今欲繼起，艱於考證，惟有秉承韶公，續從良慶禪師與余各擠上一字，繼演五十六字，以待後賢繼續，傳之永久。」偈曰：

良虛本寂體無量，法界通融廣含藏，
偏印森羅圓自在，塞空情器總真常。
惟斯勝德昭日月，慧燈普照洞陰陽，
傳宗法眼大相義，光輝地久固天長。

虛雲古巖謹識

附記：謹案，虛雲和尚出家鼓山，鼓山自明代以來，臨濟、曹洞並傳，妙蓮老和尚即以臨濟而接曹洞法脈者也。蓮老以兩宗正脈付之老人。

由臨濟至虛老人是四十二代，由曹洞至虛老人是四十七代，為仰近百年來，無人承嗣，由寶生和尚等請虛老人嗣溈山，自山祖師下七代興陽禪師起，續承之故。

虛老人為繼溈仰第八代祖。

法眼失嗣更久，八寶山青持大師，請虛老續法眼源流，良慶禪師為七代，虛老人應繼為法眼第八代。

雲門亦久無繼嗣，偃祖下第十一世為光孝己庵，今虛老人中興雲門，應繼己庵為十二代祖。

至若《聯芳集》中，列虛老人為百三十代等等，係指歷代住持而言，非正脈也。合附識之。

《虛雲和尚法彙——法語》岑學呂編輯一九五九年

《佛法省要》序

諸家聖賢立言，繁如恆星，其主旨無非利生。然流行之有通塞，弘化之有廣狹，全在義之淺深，益之大小，又如湖海廣狹之不同耳！季同王居士發菩提心，述《佛法省要》，標名為唯一真理宗教，世界和平保障。意蓋謂於今瘡痍滿目，皆因眾生不識真理，迷妄為真，釀成惡業，今欲免脫劫難，非洞明真偽，徹證真理，別無妙術；故特揀百家之言，實無有逾佛者。夫惟佛表顯聖凡不二，慈悲普遍，妙化三乘，天堂地獄苦樂情亡，乃至一切眾生皆我父母，怨親平等。如是以觀，佛實如日光之普照，海涵之無涯，舉世果能家家信受，人人奉行，何處更有惡劫來臨？奈鮮信行，招來自作自受之報，佛說為可憐憫者。悲哉！

夫佛典廣有三藏，不下萬餘部，自非久習不可。一時初學難以入門，故王居士特會綱要，問序於余；雲困老病，耳目失用，加之力弱，搦管無能，對於諸方函件早經謝絕。今因居士著述，不遠由滇寄來，恐阻居士之大心，聊贅數言以應悲願；普勸天下萬世眾生嗣後勿再造殺因，庶免召殺機果報，如古德云：「諸惡莫作，眾善奉行，天下太平矣！」豈不樂哉！至末段述祖師機緣，功行明心，所說不虛，依此行持，得大法益，證者知焉！是為序。

民國三十一年歲次壬午　曹溪南華祖庭幻遊虛雲

《覺有情半月刊》第一六三、一六四期合刊，一九四六年六月一日、《虛雲和尚法彙——法語》岑學呂編輯一九五九年

重刊三壇傳戒儀範後跋

法運秋晚，魔強難支，戒行不嚴，道風不振，察其原因，蓋由濫設戒壇之過咎。病弊叢生，慧命絲懸，危如纍卵，縱有一二以傳戒名者，至其半滿時機，止作不審忖思，一味執我人牛跡之見。如近某法師與天津徐某居士書稱：律可方便佛前受戒，不必壇儀，謂今佛法概被叢林抹殺。按不假壇規之說，本出《梵網經》，云：「千里內無授戒師，可于佛前自誓受戒，或七日至一年，要見好相，若無好相，不得戒；法師前受戒，不必好相，即得戒故。」六祖古佛再來，尚須領戒於法性智光律師，況於他人乎？佛命近執尊者製壇，宣祖宏闡，今人不明祖祖相承之婆心，藏有明文，不肯信任，妄矯私意，信筆雌黃，沆瀣一氣，各相默許，豈免自瞎瞎人哉！既稱知識，身負其責，尚輕忽如是，餘諸冒名師德，安有不作獅蟲者耶！

屢見諸方傳戒之處，雖遞年照例三五十日者，實則先聖授受之美範早已廢盡。徵有招貼四布，煽誘蠱惑，買賣戒師，不尊壇處，即淫祠神社，血食宰牲之區，妄作戒壇，十師數目證成足否？于主法師不知死活，或無僧行，結期或七日三日，乃至一日三壇俱畢。至於說戒不分僧尼，緇白混雜，甚或賣牒于四眾，捏名寄戒，不知律儀為何事，將佛無上妙法變為鴆蠱惡毒，一盲引眾盲，相牽入火坑，寧不悲夫！至若新戒，雖屬不知究竟，不思我之出家原為生死，今欲何圖？豈可不擇清濁，貪圖方便，或聞成就衣具，如蠅集腥臭，吞餌上鈎，彼此迷惑，竊名網利，相襲如貿易，如兒戲。本是清淨佛土，翻為地獄深坑，聞見所及，誰不痛心！誠如經云：「猶三百矛刺心者也。」

雲逢斯末季，障深慧淺，豈敢饒舌！由於昔年馳驅中外，歷皖、豫、魯、晉、陝、甘、川、藏、滇、黔、閩、浙、粵、桂，親所經過之實在情弊，目擊心傷，不得已略舉一二，用曉同志，領諸來賢。自今以往，祈當世知識，諸山長老，共振嘉猷，同瞻佛日，開諸冥暗；勿復以世尊大法草率相傳，稗販苟且，貽誤初心，斷人慧命，庶足以補過去之漏，匡未來戒法之疎。幸甚幸甚！

民國二十三年歲次甲戌安居日　幻遊比丘虛雲識於聖箭堂

《佛學半月刊》第一二五期，一九三六年四月十六日、《虛雲和尚法彙——法語》岑學呂編輯一九五九年

滇南大雞足山缽盂峯
勅賜護國祝聖禪寺同戒錄序

蓋聞慈尊設化，循順機宜，妙演三乘，盡該三學。欲冀正法恆遠，舍戒律則無所依；定慧雙嚴，匪僧伽而莫能立；是故波羅提木叉為眾善之洪機，群靈之所依怙者也。故我迦葉尊者，愍濟未來，親受遺囑，嚴淨毘尼，佛讚第一；法流震旦，三學互輝，六和安靜，世出世法，無越梵網，諸祖授受，悉以毘尼。至唐道宣律師宏興戒學，海內緇侶悉依其模範，遂稱南山宗焉！自是繼承不絕，分燈天下，拯拔諸有。所以《楞嚴經》云：「一切世間諸修學人，若不持戒，出三界者，無有是處。」嗚呼！同滯末流，去聖時遠，情多懈怠，難證聖因。

余自鼓山行腳，雲水諸方，自顧不才，潛身秦嶺，藏跡未密，又離蘭若，馳謁鼻祖。于清光緒三十年甲辰歲至雞峯，幸遇臘德紳耆等，請余于石鐘梵剎傳戒講經，再三難辭，勉受眾請。至乙巳戒場會畢，更蒙諸山長老，以缽盂院古名迎祥寺者，命雲支撐，奈寺院頹敗，以募修故，遠馳海外。又于丙午春，詣京祝壽，蒙贈額曰護國祝聖禪寺，欽賜龍藏衣缽，迎經回山，遵勅修建戒壇。虛雲謬承恩寵，薄德鮮慧，何能堪任？幸逢規範有在，敢不勉力遵奉律制！開壇演戒，伏願佛日重輝，法輪常轉。

汝諸佛子，既已發心乞獲戒珠，自今已往，仰體聖恩，崇隆正法，克盡真乘，俾聖教昌明，均沾福慧，上報四恩，下益群品。汝等得戒和尚，梵語鄔波陀耶，此云力生，成三乘道力，生五分法身。羯磨師滌除惑業，成就莊嚴；教授師訓誨規模，整肅威儀；尊證師舉檢七非，圓成三聚；白四羯磨諸師印可，得成比丘。比丘者，華言乞士，為乞內外法喜滋養身心，至大覺岸，皆從壇上諸師獲證道體，恩莫大焉！每逢戒師節臘，當虔焚獻遙禮，須知眾師有生長聖胎之厚德，庶不負國恩擁護之深意云爾。

宣統三年歲次辛亥四月佛誕日　石鼓四十七世頭陀德清虛雲謹識

《虛雲和尚法彙——法語》岑學呂編輯 一九五九年

勅賜鼓山白雲峯湧泉禪寺同戒錄序

嘗聞：「渡海須憑筏，到岸不須舟。」蓋眾生心，因地具足佛果，為拯迷故，特開方便，從一實相，權說三學，廣及恆沙法門，皆不出乎此也。《法華》云：「諸法從本來，常自寂滅相，佛子行道已，來世當作佛。」故知法雖寂滅，必須行於有作有為之戒，而趣於無作本有之無上菩提而後已。則上根利智，一言之下，悟得戒相如空，當體無作，何有持犯之名言哉？獨是惑業苦三，如海無涯，若無戒航，將安渡越？而諸佛大悲，如月印水，數數示生，無有窮已。

我釋迦世尊於菩提場示成正覺，先開心地，以拯迷流，欲令一切眾生咸知本源，自性清淨。但以權小不任，曲隱尊特，脫珍著弊，俯應群蒙，保證解脫，因緣制戒，其為利也溥矣！故優波離尊者，愍念來今，，嚴淨毘尼，親承佛讚，獨標第一，外現內祕，其實一乘。迄於唐之道宣律師，宏興戒學，海內悉遵，嗣續不絕，分燈寰宇，拯拔諸有，其惟南山宗乎？所以《楞嚴經》云：「一切世間諸修學人，若不持戒，出三界者，無有是處。」嗚呼！同滯末流，去聖時遙，佛法生疎，人多懈怠，雖有智者，其如澎湃何？

虛雲薙戒茲山，勉身以道，潛跡秦嶺，冀極心宗。旋以慕訪聖跡，於光緒壬寅循藏至滇，掩關於昆湖興福。甲辰謁鼻祖於雞峯，經榆城，僧俗領請講《法華》於三塔寺，時雞足戒法音沉響寂，復請余於石鐘寺傳演木叉。戒期圓滿，承眾推舉缽盂峯勉為之事，馳驅中外，募緣重闢故址。丙午春恭趨北闕，蒙賜護國祝聖之額，及龍藏鑾印紫衣缽杖各法物回山，遵建戒壇，期振頹風。值共和成立，倡設佛教會以應時機，蒙孫、袁二總統及滇督蔡鍔，仍照前朝尊重教，各贈匾額，命弘戒法。庚申歲，受唐省長繼堯之聘，主修水陸，荷蒙依佛等慈，赦囚拯飢，事畢欲隱，復請余主持雲棲，緣弗能屏。己巳夏以塑像因緣，遊化滬上，歸山掃塔，為眾講經，奈因前住持達公和尚歸西，首眾聯袂到滬，請余維持。而海軍部長兼閩省主席楊幼京先生，前主席方聲濤先生，率同官紳，亦極敦促主持，責以興利除弊，弘隆正法，緣熟若此，誼弗辭焉！

查本寺自聖晏國師開山以來，諸衍無替；迄宋成平二年，勅賜白雲峯湧泉寺，詔建戒壇。延及明末，永覺賢祖秉戒蓮池，大弘法化，不振宗風，時號傑出。迨清季，先戒和尚妙蓮老人，中興本寺，全山煥然復興，漳郡南山寺，檳嶼極樂寺，兩貧龍藏，化洽一時。然以人根昧劣，未能祖率，雖奉旨傳戒，八日即完三壇，法體如是，固無增減，而懸揣老人未嘗不無慨歎焉！矧五夏專律，猶有未逮，數日三壇，豈範來學？今特商同大眾，改為五旬，庶幾依法羯磨，方堪授受，仍遵舊例，開壇演戒，願冀佛日重輝，法輪常轉。

汝諸佛子，既已發心乞授具戒，果能圓信圓持，則戒體具足無餘矣！自今以往，仰體國恩，崇隆正法，克盡其能，務俾聖教昌明，均沾福慧，上報四恩，下益群品。惟壇儀既觀，名相須識。汝等戒和尚，梵語鄔波陀耶，此云力生，謂成三乘道力，生五分法身也。羯磨師滌除惑業，成就莊嚴；教授師訓誨規模，整肅威儀；尊證師舉檢七非，圓成三聚；白四羯磨諸師印可，得為比丘。比丘者，華言乞士，謂乞內外法喜資養身心，至大覺岸，皆從壇上諸師獲全道體，恩莫大焉！每逢戒師節臘，當虔焚香遙禮，以報生長聖胎之厚德，以不負國恩擁護之深意，各人出家之本願云爾。

民國十九年庚午　佛誕日　司律四十七世頭陀古巖虛雲述於鼓山聖箭堂

《弘法社刊》第十四期、《虛雲和尚法彙——法語》岑學呂編輯一九五九年

南華寺同戒錄序

末法既敝，毘尼久衰，不獨新進四眾不知戒律為何物，即當世之號稱善知識者，亦多言而不行，行且不密，坐使世尊宏法範世之悲願，古德高賢闡教度人之苦心，如崦嵫落日，不絕如縷。雲投足桑門，棲影佛域，歲月電逝，倏七十餘年，既道業之無成，又行持之多缺，在山門為贅人，在佛祖為不肖，每念及此，如矛刺心。往歲粵中仁士，謬採虛聲，迎來南華，付以重任，嗟乎！六祖示寂，至今垂千三百年，五葉雲礽，遍于震旦，何曹溪源頭反塞而不流，南華門庭傾而不振！追溯其故，皆往昔之人不審毘尼，一往放逸，有以致之。使悉能嚴淨戒律，仰體祖意，則何至有今日乎？

竊南華之衰，不自今始，憨祖當日《中興錄》已慨乎言之，矧雲去憨祖日遠，才力更遜，侈言重興，難於往日。本年冬復經四眾請求，結壇說戒，道德才位俱屬忝竊，第為道場及晚近法門計，亦不容峻辭。于是于十月朔始，于十一月終，五十餘日之中，日與求戒弟子切磋開導，盡雲所知，而領導諸師，啟發備至。願戒弟子輩，今而後時日凜若在壇，持之終形壽，如居浮囊而渡瀛渤，則定慧因之日增，法門因之日盛。雲老矣，願若輩念如來慧命所寄之戒法，祖師形神所棲之道場，勉之毋或忘焉！

民國二十四年乙亥　無量壽佛誕日　南華司律沙門虛雲序於信具樓

《虛雲和尚法彙——法語》岑學呂編輯一九五九年

雲門山大覺禪寺同戒錄序

正偏知之垂化，真霖雨於蒼生，慈悲等應，甘苦咸沾，法門宏開，三根普利。真如妙體本無言說，覺海波騰非航莫渡，勞我覺皇興慈運悲，無說中顯說，無修中說修，權開方便，巧運悲懷，應病施方。無藥優劣，對症者良，法門無量，透機者當。

先唱梵網，持此戒者，如暗遇明，如貧得寶，如病得瘥，如囚出獄，如遠行得歸，離世速成佛，惟此法為最。佛言：「汝是當成佛，我是已成佛，常作如是信，戒品已具足。」「楞嚴」謂：「三決定義成無漏學，四種明誨讚揚毘尼，一切世人若不持戒出三界者，無有是處。」《四分律》謂：「此經久住世，佛法得熾盛，若不持此戒，世間皆暗冥。」直至金河顧命，以波羅提木叉為師，故知一代時教，總以戒為入道之本，成佛作祖之基礎也。勿輕小罪以為無殃，剎那造罪，殃墮無間，一失人身，萬劫不復，一息不來，便是來生。既為佛子，須知戒之妙義，造律儀之淵深，三聚五篇之半滿，性遮互環之重輕，法體行相之幽玄，若不明晰，受之何益？

法者，佛為羅睺羅初制十支淨戒，二十四門儀則，十二年中，為無事比丘尼制二百五十學處，及比丘尼三百四十八戒，並一切隨律威儀三千，八萬無量細行是也。體者，即臨壇時，十師座前，正受戒時，運想一切塵境，亦是得戒之因，念念不忘，時刻守護，以戒為能依，心為所依，心法和合，名為戒體也。行者，即依所受之戒體，二六時中或讀或誦，或禮懺安禪，不越毘尼而行，名為戒行也。相者，佛制二百五十具戒，一百八十四種羯磨，一一戒相中，輕重開遮，成壞兩緣，此即法相也。一切善業等事，如法當行不行，此名止犯；如法當行即行，此名作持；若一切惡業等事，不當行而行，此名作犯；若不當行即不行，此名止持；若罔知止犯作持，則開遮全晦。故律制比丘，五夏以前專精戒律；五夏以後方可聽教參禪。如能依教奉行，守持無染，可名真淨道器，稍有違犯則失僧儀。故云護戒如護浮囊，不可破裂，否則喪身失命，被煩惱羅剎所吞矣！

而今去聖時遙，人心澆漓，甘墮沉淪，藐視律儀，妄言解脫，著如來衣，甘作獅蟲，毀詈指責，能不痛心哉？欲求菩薩淨戒，作將來眼，宜須慎重遵行。各處傳戒者眾，未審以何為懷；徒盜其虛名，不慮其後患，求戒者多，守戒者少，若賊香疤作飯票用，哀哉哀哉！結果二俱失益，盜名者自悞悞人，賊法者不但不明法、體、行、相之義，究不知出家為何！以此盲盲相牽，把茲無上妙法變成砒鴆惡毒，世譏寄生草、蛀米蟲，良深慨歎！冀諸來學仰體佛祖弘規，勿忘諸師訓誨，造成法門棟樑，庶使人天有歸矣！

本山是偃祖首創，闡拈花旨，妙衍嘉猶，糊餅暢明；向上一字顯露真機，道震寰區，龍天擁護，王臣欽崇，化超群表，世稱雲門宗。自元以後，信根薄弱，淳風寖息，嘉音停響，整理乏人，遂成荒塢，真身雖存，知者尠矣！雲因重修南華，追慕靈樹遺踪，探悉乳源有肉身，躬親訪覲，得瞻真容及南漢御碑，始悉為雲門啟源道場。禮畢旋南華，即向當道宣佈，請其保護；蒙李公任潮、李公伯豪等發起重興，今雲主其寺，義不容辭，雖勉負責，即於癸未歲臘月十日就事。鞠躬盡瘁，八易寒暑，略獲端緒；金容完成，擬設祈禱世界和平法會，恭奉聖像升座，以酬檀那莊修善願功德。不料好事難成，無故罹難，使事擱置，直至炎暑，請求戒者懇請以路遠跋涉為念，請施方便，傳受戒法；情不得已，憫彼哀誠，遵佛儀範，循序授之。戒雖頓受，各須克志薰修，從今已往，仰體國恩，崇隆佛法，俾正法流通，均沾福慧，上報四恩，下濟三有，庶不負如來悲願救世之至意云爾。

歲次辛卯六日　幻遊比丘虛雲序於雲門丈室

《虛雲和尚法彙——法語》岑學呂編輯一九五九年

《劫外餘音》序

嗟乎！世衰道微，唯物是尚，三毒橫流，五欲狂熾，佛言末劫，此其時歟？欲拯救之，端賴宗教。宗教者，所以導引人心趨於至善，足以移風易俗，補政治之不週，其宜提倡也明矣！世界無論何教，總是導人為善，為治心之法；如佛則濟度眾生，使眾生脫苦；儒則重倫常，使人各盡份；本無異致。所不同者，儒則著重世間法，佛則世間法外，更有出世間法，深淺不同耳！今滇南鄭永熙居士，集佛儒兩教之精義融治一爐，編成名曰《劫外餘音》，簡而顯，精而微，真救世之寶筏，可謂阿伽陀藥矣！樂為之序。

民國三十六年丁亥春　幻遊比丘虛雲識於韶乳雲門丈室

《虛雲和尚法彙——法語》岑學呂編輯一九五九年

卓庵詩集序

余朝峨山歸來，翠峯過夏，有卓庵不知何許人，徧歷諸山，遇之數數。一日出其詩集乞序，余曰：「西來直指，教乘尚掃，何有於詩，況敘乎？」卓曰：「非敢傳世，僅以傳家。」余曰：「若認得家，則不須傳。」卓曰：「事是這個，其如辛苦何？」余曰：「如是也可敘焉！禪曷為而有詩也，自行人單刀直入，一念相應，吐詞拈韻，往往為士大夫所誚。世以文字難僧，僧亦遂以文字應世，或馳騁世典，殫心雜學，將無上妙法視為具文，正法眼藏淪乎聲色；甚而尋章摘句，四六精詳，處處驢唇馬舌。噫！法門一至此耶！一變而語錄，再變而辭賦，三變而為詩文，佛法何可言哉？雖然，亦不可概論也，當觀其人為何如耳。其人見諦真，則言言至理，語語明宗，假山水以寓其懷，借時物以舒其臆，如遠公之招陶劉，佛印之契蘇黃，大慧之於子韶，詩亦何妨於禪哉？但不以見長，若以此見長，詩精則亦詩僧而已；而況以之為名利之階，攀緣之具，其言雖工，其行不可問，行不可問，心更不可知矣！」言至此，卓庵點首點胸而已。余曰：「子名卓庵，處倫類之中而有以自立乎，出風塵之表有以自致乎？非庵無以見卓，非卓無以名庵，行住坐臥無非庵，無一非卓，如是則能詩也可，即不為詩也可，則余之所以敘者，非敘其詩，敘其庵，敘其能卓也。」更進一解曰：「不墮悄然機。」

《虛雲和尚法彙——法語》岑學呂編輯一九五九年

《弘一大師全集》序

劉居士綿松，輯《弘一大師全集》成，屢書問序。余以老病衰朽，視聽失用，服役雲門，遭逢世亂年荒，工未及半，心力盡瘁，筆硯荒蕪，欲辭卻而居士請益堅，乃為之序曰：

昔本師釋迦如來將欲示寂，語群弟子：「我滅度後，汝等比丘當以波羅提木叉為師，如我住世無異此也。」波羅提木叉者，華翻名戒。戒為德本，能生定慧，成就萬行；比丘無戒，勢如醉象，狂奔亂蹴，不僅傷身，亦且害物，是故戒住則僧寶住，僧寶住則佛法永住。世尊又言：「獅為百獸王，威力無比，為敢犯者，惟毛中蟲，方漸贏耗，終乃滅亡。吾法在世間，其威力有如獅王，毀戒比丘無異獅身之蟲，毀吾法者，乃此輩也。」金口所宣，警惕備至，千載以下，如聞謦欬。

晚近世衰道微，忘本逐末，明于責人，昧于律己，如法修持，千難得一，佛法凌夷，有自來矣！弘一大師未出家前，固世所稱為翩翩俗世佳公子者也。及既受具，諸緣頓息，露頂赤足，動止循律，以身作則，追導師之芳踪，振墜諸于末造，影衾無愧，明德在躬，令聞四溢，海宇從風。於是世之知大師者，無不知有戒法，敬大師者，無不知敬佛法，荷擔如來家務，師非其人歟？今距師之歿，將十年，無問識與不識，問師名靡不歎息向慕，其為世重如是，豈偶然哉？讀斯編者，倘能求師於藝林之外，庶乎近之。

民國三十七年戊子佛誕日　幻遊比丘虛雲序於雲門山大覺寺丈室

《佛教公論》第二十五期，一九四八年四月、《虛雲和尚法彙——法語》岑學呂編輯一九五九年

《弘一大師事略》序

道本無為，法惟見性，知諸佛菩薩、歷代祖師之應跡，皆隨機指引，俾各明本心，除此更無餘蘊。古今諸善知識之言行，或權或實，無非欲學者就路歸家，當下了悟，脫去枷鎖，本無實法與人。末法以來，世風日下，水鳥法音遂成路隱晦，木叉不振，師範日稀，能無悲乎？是以諸佛菩薩垂大慈悲，乘大誓願力而不休息。弘一律師，乘願再來者也！觀機合宜，志弘南山宗旨，以救時弊，躬行實踐，行持是尚，終身無懈，聞見生欽。

今師弟子僧睿等，將師事略刊而行之，自利利他，以報師恩，屬予為記。予曰：「予非能文者也，何能記？因仰大師律行，述其行願以勸世，若能體大師之心，如律行持，則大師在世，無法可施；如或不然，雖建恆沙寶塔以紀念之，於事何補？縱使律師再來，恐亦對面不相識也。」

民國三十七年戊子　幻遊比丘虛雲序於雲門山大覺寺丈室

《覺有情》第一八九、一九〇期合刊，一九四七年七月一日、《佛教公論》第十七期，一九四七年八月一日、《虛雲和尚法彙——法語》岑學呂編輯 一九五六年

為妙法禪人刺血書《法華》《楞嚴》經書後

光遍河沙，隨處無非般若；量等法界，拈來總是法華。柱杖轉法輪，非空非色，腳跟流藏典，何幻何真。拶破虛空，露那邊消息；闢開塵土，出大地經文。四十九年，無字而演半字滿字，五十餘軸，一乘而談大乘小乘，漫猜大海揚沙，休認虛空定橛。本自現成，不假貝葉，森羅萬象，墨跡天然，只因不了即心即佛。故爾將經覓經；所以析骨剝皮，大開生面，刺血瀝膽，永作芳型。本寺化主妙法依雲，戒律精嚴，雅慕五宗，歸心三藏。血染長毫，點畫昭本來面目；神凝楷體，揮灑露無位真人。字字白牛放光，圓成八萬；行行紅蓮現瑞，燦爛三千。《法華經》、《楞嚴經》，霞漫紙背；〈心地品〉、〈行願品〉，光溢經文。以此傳家，消歷來之習氣；將茲勸世，回虛幻之妄心，榜樣津梁，舍此其誰？

巖也禪關未煖，教海何親，異國歸來，一肩明月。睹血跡之靈文，偉哉迦葉起舞；觀實心之苦行，允矣須彌低昂。索文以紀始終，序跋以誌歲月。由是思夫一乘奧典，無上經王，名尚難聞，何況受持書寫？必須親歷寶所，施如意以濟生；得見衣珠，駕白牛以度世。所以微心顯見，證圓通以消魔業，運糞出宅，得記莂以成菩提。見聞隨喜，俱霑利益；法界眾生，同圓種智；其血跡與海墨無殊，苦心同二經並載矣！特書其後。

《虛雲和尚法彙——法語》岑學呂編輯一九五九年

大乘《妙法蓮華經》後跋

《妙法蓮華經》者，大乘無上一切眾生成佛之妙典也。這一卷經具在當人，當人只因不能闢塵得見，所以歷劫漂沉，輪迴不休。故我世尊慈悲，開示悟入，無非指點本具，其奈愚鈍不信不悟何？故重重譬喻，種種宣揚，寓無為於有為之中，假有言闡無言之化；深信者高超三界，悟入者永脫輪迴，以至一香一花，禮念舉手，創垂功德，無不解脫。大矣哉！不可思議之極致也。

生某歸誠三寶，痛念雙親，未卜昇沉，欲報劬勞，請僧書此大法，祈先亡脫化，七祖超昇，並祈嗣祿繁昌，功名顯達。余曰：「此誠追遠之大孝也！」略舉大概跋之。此經大而無外，小而無內，度盡一切世間；天地以之清寧，家國以之康泰，人物以之安阜，亡靈以之超昇，只在當人信受奉行之如何耳！若止獲福度幽，則亦渺乎小矣！普願隨喜見聞，得睹是經者，悟本具之真經，識未生之面目，自利利他，情與無清均沾法化，則佛恩已報，又安有過去之不脫化，現存之不迪吉也哉？書此以告見聞者。

《虛雲和尚法彙——法語》岑學呂編輯一九五九年

傳洞宗四十五世妙蓮老和尚塔銘

和尚諱地華，字妙蓮，別號雲池，生於道光四年甲申七月十二日子時，福建歸化馮氏。父書泰，出家福州長慶，離塵後請龍藏奉怡山；母楊氏，受菩薩戒。師年二十一甲辰，禮鼓山量老和尚出家，得戒於懷公，助量老建鼓山大殿，經營一切。咸豐甲寅，量公老和尚退席，以師繼。時堂宇傾頹，佛糧缺乏，師募于臺灣及南洋群島，回建法堂、大寮、迴龍閣及闔山各殿堂寮、塔院、巖洞、茅棚、下院，暨城內白石兩塔，煥然一新。又築下院河道礄路，置田供眾，復以缽賸祀父于長慶，奉母老于千佛庵，助監院達本、覺空、古月等，興雪峯崇福林陽各寺，創建檳榔嶼極樂寺、漳州南山寺。光緒甲辰，請龍藏二，一安南山，一供極樂；丙午興寧德龜山；丁未功畢。七月十二日，趺坐謂侍者曰：「寄語監院，護持常住，時至吾行矣！」合掌向西念佛數聲，瞑目宴寂。逾時頂尚熱，入龕數日，面色如生，身發異香，荼毘後，分骨於鼓鶴二山塔院。銘曰：

維茲窣堵，欽懷祖德，妙法蓮華，名實不忒。憶昔南溟，逍遙鵬翼，入海文殊，湧現異域。莊嚴極樂，上荷帝勅，浥注相需，為道蕃植。既護祖庭，又維眾食，美輪美奐，六和藏息。非師之功，誰有其力，勒文貞珉，同瞻岦崱。

孫古巖虛雲敬題

《虛雲和尚法彙——法語》岑學呂編輯一九五九年

南洋檳榔嶼極樂寺祭妙蓮老和尚塔

拈香云第一瓣香，匪從天降，不假地生；第二瓣香，六處收不得，偏界不曾藏；第三瓣香，非空非色，不斷不常，爇向爐中，耑申供養。

白靈堂上，圓寂師祖，泉湧發秀，極樂啟祥，性懸慧日，道悟真常。裔孫巖自滇池還山，千山泥水，幾處炎涼，清風滿袖，皓月盈荒，羅太虛以作供，即法界以為餐，伏願　出那伽定，來格來嘗，佑我後人枝葉流芳。偈曰：

自從航海入山來，爍破虛空沒點埃，萬里風濤憑定力，多生福慧總兼赅。
燈傳古佛家聲遠，法演三乘祖域開，窣堵波前呈一偈，光輝回照燦三臺。

《虛雲和尚法彙——法語》岑學呂編輯　一九五六年

詩偈

皮袋歌

皮袋歌，歌皮袋，空劫之前難名狀，威音過後成罣礙，三百六十筋連體，八萬四千毛孔在。分三才，合四大，撐天拄地何氣概。知因果，辨時代，鑑古通今猶蒙昧，只因迷著幻形態。累父母，戀妻子，空逞無明留孽債。

皮袋歌，歌皮袋，飲酒食肉亂心性，縱欲貪歡終敗壞。做官倚勢欺凌人，買賣瞞心施狡獪，富貴驕奢能幾時，貧窮兇險霎時敗。妄分人我不平等，害物害生如草芥，每日思量貪嗔癡，沉淪邪僻歸淘汰。殺盜婬妄肆意行，傲親慢友分憎愛，呵風咒雨蔑神明，不知生死無聊賴。出牛胎，入馬腹，改頭換面誰歌哭？多造惡，不修福，浪死虛生徒碌碌。入三途，墮地獄，受苦遭辛為鬼畜。古聖賢，頻饒舌，晨鐘暮鼓動心曲，善惡業報最分明，喚醒世人離五濁。

皮袋歌，歌皮袋，有形若不為形累，幻質假名成對待，早日回心觀自在。不貪名，不貪利，辭親割愛遊方外。不戀妻，不戀子，投入空門受佛戒。尋明師，求口訣，參禪打坐超三界。收視聽，罷攀緣，從今不入紅塵隊。降伏六根絕思慮，無人無我無煩惱，不比俗人嗟薤露。衣遮體，食充飢，權支色身好因依。捨財寶，輕身命，如棄涕唾勿遲疑。持淨戒，無瑕疵，玉潔冰清四威儀。罵不嗔，打不恨，難忍能忍忘譏嗤。沒寒暑，無間斷，始終如一念阿彌。不昏沉，不散亂，松柏青青後凋期。佛不疑，法不疑，了了聞見是良知。穿紙背，透牛皮，圓明一心莫差池。亦返源，亦解脫，還元返本天真兒。無不無，空非空，透露靈機妙難思。到這裡，不冤枉，囫地一聲是了期。方纔稱，大丈夫，十號圓明萬世師。咦！猶是那個殼漏子，十方世界現全身，善惡明明不差錯，為何依假不修真？太極判，兩儀分，心靈活潑轉乾坤，帝王卿相前修定，富貴貧窮亦夙因。有了生，必有死，人人曉得莫嚬呻。為妻財，為子祿，悮了前程是貪嗔。為甚名，為甚利，虛度光陰十九春？千般萬種不如意，熬煎在世遭艱迍，老到眼花鬚髮白，一善難聞枉為人。日到月，月到歲，空嗟歲月如轉輪，世間誰是長生者，不如歸去禮慈雲。或名山，或勝境，逍遙自在任遊巡，無常迅速知不知，幾句閒言敢奉聞。念彌陀，了生死，多多快活誰得似。學參禪，得宗旨，無限精神衹這是，清茶齋飯心不偷。二六時中為法喜。除人我，無彼此，冤親平等忘譽毀。無罣礙，沒辱恥，佛祖同心豈徒爾，世尊割害上雪山，觀音辭家為佛子。堯舜世，有巢許，聞讓國，猶洗耳。張子房，劉誠意，也棄功名遊山水。況末劫，甚艱苦，如何不悟古人比！縱無明，造十惡，費盡心機為世鄙。刀兵厲疫旱潦多，飢饉戰爭頻頻起，變怪屢聞妖孽生，地震海嘯山崩圮。適當其際可奈何，多行不善前生裡，事難如意落迷途，處貧遇患善心始。善心始，遁入空門禮法王，懺悔罪過增福祉。拜明師，求印證，了生脫死明心性。勘破無常即有常，修行大有徑中徑，聖賢勸世有明文，三藏經書尤當敬。瀝心腸，披肝膽，奉勸世人應守正，莫當閒言不記心，大修行人必見性。速修行，猛精進，種下菩提是正因，九品蓮生有佛證。彌陀接引到西方，放下皮袋超上乘，皮袋歌，請君聽。

《虛雲和尚法彙——詩歌偈讚》岑學呂編輯一九五九年

山居六首

稍得清幽處，頭頭總自然，一間茅草屋，半畝藕花田；
好鳥來青嶂，閒雲掛碧巔，紅塵飛不到，淡雅過神仙。

誰信山中樂，山中樂最多！松篁演梵唄，鳥語弄笙歌；
樹上猿攀果，池中鴨戲荷，藉茲逃世俗，歲月任消磨。

不向名場立，山中夢亦微，身同雲自在，心與世相違；
愛月疏松徑，引泉繞竹扉，自然成妙處，豈肯羨輕肥。

山間無個事，不夢熟黃粱，性懶多愁暑，身輕不畏涼；
菊栽三徑古，梅種一園香，自是營謀少，閒中滋味長。

草堂午睡醒，曳杖任逍遙，撫石看雲起，栽松聽水潮；
林深無過客，路險有來樵，一念純真處，何愁慮不消。
人畏山居苦，甯非意味賒，泥爐焚柏子，石鼎煮龍芽；
纔採三秋菊，又看二月花，更憐今古月，夜夜伴山家。

《虛雲和尚法彙——詩歌偈讚》岑學呂編輯一九五九年

參禪偈十二首

一、參禪不是玄，體會究根源，心外原無法，那云天外天。
二、參禪非學問，學問增視聽，影響不堪傳，悟來猶是剩。
三、參禪非多聞，多聞成禪病，良哉觀世音，返聞聞自性。
四、參禪非徒說，說者門外客，饒君說得禪，證龜返成鱉。
五、參禪不得說，說時無擁塞，證等虛空時，塵說與剎說。
六、參禪參自性，處處常隨順，亦不假磋磨，本原常清淨。
七、參禪如採寶，但向山家討，驀地忽現前，一決一切了。
八、參禪一著子，訣云免生死，仔細拈來看，笑倒寒山子。
九、參禪須大疑，大疑絕路歧，踏倒妙高峯，翻天覆地時。
十、參禪無禪說，指迷說有禪，此心如未悟，仍要急參禪。
十一、參禪沒疏親，貼然是家珍，眼耳身鼻舌，妙用實難倫。
十二、參禪沒階級，頓超諸佛地，柱杖纔拈起，當觀第一義。

《虛雲和尚法彙——詩歌偈讚》岑學呂編輯一九五九年

行住坐臥歌

山中行，踏破嶺頭雲；回光照，大地無寸塵。
山中住，截斷生死路；睜眼看，千聖也不顧。
山中坐，終日只這個；碎蒲團，沒教話兒墮。
山中臥，騎驢騎馬過；主人翁，無夢也爍破。

《虛雲和尚法彙——詩歌偈讚》岑學呂編輯一九五九年

隨緣無礙三偈

自愛靈山入海湖，逍遙雲鶴是良圖，月挑兔角江妃避，風繫龜毛石女呼；
道岸登時心即佛，慈航渡過我忘吾，雲峯楚道曾超越，戰伐聲中一覽無。

策杖尋幽路透迤，寒花照眼一枝枝，崢嶸石壁摩空出，曲屈松陰匝地垂；
烘草三年僧久住，披雲此日我來遲，徘徊不肯便歸去，笑指青嵐載詠詩。

清宵雲捲月輪孤，湛寂心如定海珠，萬法此時都不會，況論塵世事榮枯！
牛頭妙契黃梅旨，虎伏長留石上趺，一個蒲團些子地，山青水綠總歸吾。

《虛雲和尚法彙——詩歌偈讚》岑學呂編輯一九五九年

虎拜佛偈

乙亥年十一月在南華舊殿說戒夜深一虎來入戒臺下伏跪點頭被駐軍見持槍追逐余勸阻後不敢入寺常近寺嗚吼

眾生顛倒十二名，有無色相各涵靈，南華頗與諸方別，虎伏庭前樹聽經。
奇異枯柏重生翠，古樟乞戒現沙門，大似靈山會未散，南詢曾見主林神。
虎知崇拜佛威光，大小空等載典章，了知善惡旨是幻，彈指消殞歷劫狂。
縱有千差與萬別，隨緣不變是金剛，者個如如常不動，清濁都來是道場。

《虛雲和尚法彙——詩歌偈讚》岑學呂編輯一九五九年

南華寺

前河流向寺門衝湧有礙余向南岸畫地以改河流纔興工程一夜雨雷震大水橫流次日新河頓成舊河填塞故紀之

風雷並吼地靈驚，滂沱一夜到天明，
開門另闢新世界，南岸河成一字形。
昔日分流皆沒跡，溝坑窪曲似掌平，
神工妙應非人測，嶽神移松昔顯靈。

《虛雲和尚法彙——詩歌偈讚》岑學呂編輯一九五九年

疊頌古水烏樹林常說法

行闡宗風遍玉湖，桃花開放悟閩都，大千世外隨人識，七十年前認故吾。
棕拂微揚風薦爽，蒲團坐破月輪枯，果能出有空斯相，靜對能仁可入無。
行脚從來徧五湖，放眼南都又北都，嵩山另闢多分派，少室單傳止認吾。
竹擊早將文字掃，葛藤已向識田枯；何緣此地開方丈，得聽趙州一箇無。
曹溪分派撫僊湖，卓錫高人自上都，問字人來方讓我，拈花佛授忽驚吾。
應知話墮雲門在，何用磨磚筆海枯！原得上方尋究竟，頓忘鏡樹一時無。
衍分萬派洞庭湖，南北原來共一都，世出世間爾自爾，枝攀枝上我忘吾。
何時得把磚磨徹，此日先觀筆陣枯；鐵棒不妨頻領略，承當言下聽無無。

滄溟潮湧遍江湖，天末今成選佛都，飛錫東來誰作主？談宗直下孰為吾？
雲生嶺上形無住，月定波心跡未枯，此際風光人共見，箇中卻笑一言無。
廬山纔過鄱陽湖，何用千旄到上都，正憶杖頭尋古佛，剛于指下識真吾。
曇花自此香流遠，祇樹從今葉未枯，願向座前禮雙足，空空沙界說真無。

大闡無遮面一湖，雲遊到此即名都，橫磨寶劍惟風穴，趯倒胡床有道吾。
楚蜀滇黔金地滿，東西南北草鞋枯；雲橫一派三峯瘦，山色遙看似有無。

撫水高蹤憶子湖，陰濃綠樹覆仙都，池流三昧清如許，天外孤峯瘦似吾。
一劍霜寒今更老，雙松雪襲幾曾枯，禪心依舊歸雲淡，望裡煙波何處無！

曾經杖笠至西湖，峯是飛來鎮浙都，若有一棒到得汝，不妨十智同於吾。
揚唇弄吻身先槁，豎拂擎拳手已枯，近來懶說法輪法，不向人間論有無。

相逢兩會住太湖，打鼓彈箏賦兩都，野鶴閒雲忘世外，青山碧水總歸吾。
書將貝葉池長潤，調落梅花笛未枯，非心非物自開朗，一天空洞半塵無。

水繞三峯共一湖，聽經頑石紀吳都，江流月透傳心法，雲去山存印故吾。

酒興許邀彭澤飲，詩腸不為了元枯，行行欲話南金貴，笑指前溪肯過無？

驚添新綠漲西湖，海氣雲蒸列市都，對影云何我是爾，隔山可識彼為吾。
階前拳石孤峯秀，堂下杯醪勺水枯，咄咄空書全大藏，欲尋一畫看來無。

白雲一片映晴湖，隨處招提即佛都，說法仍然金地滿，傳衣漫擬派當吾。
千年教外宗尤盛，七尺單前話未枯，南北頓圓俱在此，幾翻撥轉悟生無。

法雨霏微漾曉湖，行雲流水過通都，遠峯點翠蓮開社，近水凝觀月映吾。
玉麈潭傾花亂墜，詩瓢秋老興非枯，自從識得溈山子，函丈何須更話無！

唱和新成撥硯湖，詩仙紙價貴三都，推開明月誰為比，踏遍青山不負吾。
地脈殊生淵自潤，比肩巖秀石難枯，於今雪點紅爐後，直下承當者個無。

薰風迢遞遍江湖，鳳岫龍山擁郡都，指上單前隨處是，桃蹊學下糞調吾。
譜成白雲琴長潤，梅落江城笛不枯，放掉收竿無不是，西江吸盡可傳無。
龐山浮石到天湖，杯渡南來入五都，現相情形寧別爾，獨尊宇宙量惟吾。

嘯生遠嶽聲非寂，詩出狂禪興不枯，近來拈得峨嵋雪，六月嚴寒凍有無。
年來樹幟在昆湖，今步俞元舊佛都，指岸登航先到彼，披襟當箭不須吾。
碓頭米熟休言密，茗椀搜腸豈潤枯！何事德山纔入室，東西顧盼說無無。

金繩解纜渡仙湖，任施閒閒雅且都，隨處三玄頻指示，誰當一喝敢支吾！
徧周沙界原為法，坐破蒲團半是枯，拄杖而今雲水外，豈嫌寸地卓錐無。
祕度當年駕海湖，雲津佛會已成都，華嶺錫掛山為主，少室燈傳壁印吾。
法說無邊頑石點，道能精進愛河枯，俞元自此金沙布，量得維摩十笏無。

年來紫氣遍江湖，香滿檀林瑞滿都，信口禪機皆有韻，隨言棒喝豈支吾。
傳燈座上花常茂，洗鉢池邊草不枯，莫道老僧多覺悟，諸緣向下總歸無。
雲滿南山月在湖，道風披拂到京都，群賢唱詠分先後，多士賡歌別汝吾。
思透禪關徧有妙，句從意外豈同枯？淡心欲吸西江水，不識依稀萬一無。

《虛雲和尚法彙——詩歌偈讚》岑學呂編輯 一九五九年

遇盜說偈三首

丁亥冬月朔，陪林鴻超居士至南華禮祖畢，初三日回雲門。由韶乘車，中途遇盜，迫眾下車，跪地俯首，不准仰視，獨囑余立路旁，未加劫掠，餘眾財物，洗劫一空，即衣褲鞋襪稍好者即令剝去，致被劫者身多裸露。時當嚴寒，風雪徹骨，難眾凍苦，哭聲嗡嗡。余雖幸免，不忍漠視，即脫卸衣物及包衣分眾，遮其羞冷，稍感風寒。最慘者，其中有青年男女二人，從友借資為小販，服裝貨物盡被劫去，一無所存，食宿失所。凍餒堪虞，豈定業所感，因果如是歟？非聖莫知。因說偈曰：

時世不靖出門難，盜賊如林聞見寒，奸淫擄搶並燒殺，暴惡兇殘太野蠻。

上天無路避無處，惶惶行坐睡難安，但願人人崇佛說，休將因果等閒看。

平時視民如螻蟻，變時蟻民逞虎威，攔路截劫剝衣褲，裸受風雪真淒慘。

嗟哉同侶俱遭劫，獨余何幸璧全歸！救急恤難同此情，打開包袱分僧衣。
清水因何變濁水，澄之渟之水自清；良民何以變為盜，主者治者須分明。
水過石激古所歎，天寒露重鶴有聲，空王早樹無為化，垂拱而治致太平。

《虛雲和尚法彙——詩歌偈讚》岑學呂編輯一九五九年

自題照像

這個皮袋，何須領會，瀟湘俗子，佛門後代。
闖海緇衣，辛酸未懈，杯子撲落，堂磚花碎。
石人皺眉，虛空隕墮，兩叩清涼，文吉途待。
奉蹕秦川，終南雪蓋，蜀藏西印，奔走中外。
旋國騰衝，蕭然一衲，共語二句，心空月白。
三謁雞峯，息肩茅結，扶起剎竿，重理覆轍。
值法難起，百計心裂，驅馳四方。群策群力。
創佛教會，全國分設，新政時更，鬥爭為法。
數十年來，共修羅宅，駐十六寺，五興祖剎。
披心瀝膽，受盡磨折，或嗔或喜，空花水月。
有詢佛法，無言可說，教令耕耘，但莫休歇。
搬磚弄斧，針灸透穴，飢　渴飲，與世無別。

一息不繼，羽毛鱗甲，苦哉輪迴，漚波起滅。

《覺有情》第九卷第七期，一九四八年七月一日、《虛雲和尚法彙——詩歌偈讚》岑學呂編輯 一九五九年

FOR2 52
現代佛法十人──四

禪宗的傳燈者　盧雲

系列主編　洪啟嵩、黃啟霖
責任編輯　Y.T.CHEN、Y.A. HUANG
校對　呂佳真、翁淑靜、吳瑞淑、郭盈秀
美術設計　林育鋒
內文排版　何萍萍、薛美惠、許慈力

出版　英屬蓋曼群島商網路與書股份有限公司台灣分公司
發行　大塊文化出版股份有限公司
台北市 105022 南京東路四段 25 號 11 樓
www.locuspublishing.com
TEL: (02)8712-3898　FAX: (02)8712-3897
讀者服務專線：0800-006689
郵撥帳號：18955675　戶名：大塊文化出版股份有限公司
法律顧問　董安丹律師、顧慕堯律師

總經銷　大和書報圖書股份有限公司
地址：新北市 24890 新莊區五工五路 2 號
TEL: (02)8990-2588　FAX: (02)2290-1658
製版　瑞豐實業股份有限公司

ISBN：978-626-95044-1-1
初版一刷：2021 年 11 月
定價：新台幣 380 元

禪宗的傳燈者 盧雲 / 洪啟嵩, 黃啟霖主編 . -- 初版 . -- 臺北市 : 英屬蓋曼群島商網路與書股份有限公司臺灣分公司出版 : 大塊文化出版股份有限公司發行, 2021.11
面 ;　公分 . -- (For2 ; 52)(現代佛法十人)
ISBN 978-626-95044-1-1(平裝)
1. 釋虛雲 2. 學術思想 3. 佛教
220.9207　110014040